SUPERCONNECTOR

Stop Networking and Start Building Business Relationships that Matter

要么出局 更要受欢迎

［美］斯科特·格伯
（Scott Gerber）
［美］瑞恩·波
（Ryan Paugh）
著

杨静娴
译

中信出版集团｜北京

图书在版编目（CIP）数据

要赢更要受欢迎 / (美) 斯科特·格伯, (美) 瑞恩·
波著；杨静娴译. -- 北京：中信出版社, 2021.5
书名原文：SUPERCONNECTOR
ISBN 978-7-5217-2792-0

Ⅰ.①要… Ⅱ.①斯… ②瑞… ③杨… Ⅲ.①人际关
系学－通俗读物 Ⅳ.①C912.11-49

中国版本图书馆CIP数据核字(2021)第034827号

要赢更要受欢迎——结交高价值人脉的19堂社交课

著　者：［美］斯科特·格伯　［美］瑞恩·波
译　者：杨静娴
出版发行：中信出版集团股份有限公司
　　　　　（北京市朝阳区惠新东街甲4号富盛大厦2座　邮编　100029）
承　印　者：北京楠萍印刷有限公司

开　本：880mm×1230mm　1/32　　印　张：8　　字　数：192千字
版　次：2021年5月第1版　　　　　印　次：2021年5月第1次印刷
京权图字：01-2019-3297
书　号：ISBN 978-7-5217-2792-0
定　价：59.00元

目录

第一部分

打造属于自己的超级人脉

第二部分

建立以自己为核心的社群

第三部分

人脉 + 行动 = 赢 + 受欢迎

推荐序

建立以互相帮助为基础的人际连接

全球人脉大师,《纽约时报》畅销书作家　基思·法拉奇

2005 年,我的小书《别独自用餐》①（*Never Eat Alone*）首次出版,彼时,拥有一部掌上电脑和黑莓手机就是时尚达人,社交媒体只有脸书和 MySpace（聚友网）这两个选择,"打造关系网"是人们占得先机的秘诀。"重要的不是你懂什么,而是你认识谁"这句箴言在公司圈中口口相传,并引领无数渴望成功的职场小白不断打磨自己的口才,或是参加专门的研讨会来学习成功"打造关系网"的不二法门。相比之下,我则很幸运,因为我的身边有一位最好的"打造关系网的教练"——我的父亲彼得。像大多数移民父母一样,他在养育我的过程中让我很早就步入社会,尽我所能地学习和努力工作,并成为一个对别人有用的人。从他身上,我知道了真正重要的不是你认识多少人,而是你帮助了多少人,因为你帮助过的那些人,

---

① 书名据 2010 年 10 月世界知识出版社出版的中译本。——译者注

才会是在你需要帮助时出手相助的人。

我之所以写下《别独自用餐》这本书，是因为我发现，人们"拉关系"的方式大错特错。所谓的标准方法充满了功利性和利己主义，遵循的指导原则是"这个人能如何为我所用"，整个过程既不真诚，也不实在，只是热切地期望尽可能多地收集名片，并希望终有一天其中的某张名片能为自己带来回报。对生长于意大利家庭的我来说，这么做毫无意义。社群是意大利文化的驱动力，如果每个人都只关心自己，那么根本无法创建一个社群。人们需要相互照应，为他人创造机会，并找到方法确保每个人都能成功，如同俗语说的，涨起的潮水能托起所有的船。

当然，知易行难，知道该做什么并不意味着知道如何做。告诉人们"要慷慨、要真诚、要真实"听起来更像是让他们"暴露自己，让自己遭受嘲笑和羞辱"，显然没有人想要这样做。人们总是更愿意保持一本正经的神情，但"一本正经的神情"不过是"面具"的委婉说法。我想向你们介绍一种新的思路，那就是慷慨为先，明确告诉别人你提供的东西能如何让他们受益，不仅惠及自己最亲密的朋友，而且能让那些与你志趣不同但拥有互补技能和专长的普通朋友受益。如果你能够真心帮助自己影响范围内的所有人，他们反过来也会帮助你。

过去十年中，社交网络的发展使得人们建立最初的连接变得更加容易。只需点击一下按钮，你就成为某个人的"关注者"；如果对方反过来关注你，你们就变成了"好友"。这显然是 21 世纪版本的名片收集。不过，即使拥有能够与几乎所有人建立即时连接的能力，建立关系的机制其实并未发生根本的改变：我们仍然希望了解对方是一个怎样的人，而不仅仅是其职位；我们仍然希望与我们喜欢同时也愿意顾及我们最大利益的人一起工作；而且在大多数情况下，我们希望合作的对象应该不仅关注自己的成功，还应该关注其他人的成功。

要成为一位"超级连接者"（Superconnector）并不需要特别的天赋，只是需要能够意识到：即使我们选择的道路不同，但是我们的内心其实都有同样的渴望。因此，它需要我们向别人伸出援助之手说："我能帮助你抵达成功的彼岸。"它需要我们拥有慷慨的心态，永远不会把成功变成一场零和游戏。看到斯科特和瑞恩把我的话铭记在心，并不断扩展这一理念，同时发展出自己的方式来拓展人际连接，而不是盲从"打造关系网"的陈词滥调，这让我无比欣慰。虽然技术不断发展进步，并帮助我们更便捷地与他人建立联系，但技术永远无法帮助一个人向另外一个人慷然提供支持。像本书这样的作品就是为了提醒我们，最重要的永远是建立以互相帮助为基础的人际连接。

前　言

　　本书的主题是关于如何建立关系，尤其是那些为了互惠互利而存在的关系，以及那些能够促成大家乐见的好事发生的关系。本书的内容涵盖了社群、社群建设，以及对人际连接最真实的需求。如果你希望提升自己在工作或个人生活中拓展人际关系的能力，那么本书是一本不容错过的良书。

　　我们认为，如何建立人际关系是一件值得认真思考的大事。我们的整个职业生涯一直着眼于帮助企业主、企业家和专业人士建立大有裨益的连接，并为彼此创造价值。我们为自己在此方面的专长感到自豪。经过多年实践，我们已针对如何建立、培养、巩固、发展和维护关系而开发出一套行之有效的方法。

　　我们也希望能帮助你理解人际连接的力量所在。随着周遭世界日益变得嘈杂而忙碌，建立有效的人际连接也变得空前重要。未来世代的成功将有赖于社会资本，因而成功将属于那些掌握了独有渠道，能够与重要人物建立有效联系的人。

　　我们想助你一臂之力，成为拥有这种渠道的人，即成为一位连接者。

一位**超级连接者**。

超级连接者是诞生于社交媒体时代的全新一代交换者。他们是价值超凡的社群建设者，通过对社会资本敏锐的理解和运用来实现目标。这里所说的社会资本，是指你所遇到的人以及你和他们的关系。我们认为，社会资本是世界上最重要的货币；人脉，而非金钱，是你最重要的资产。如果对的人聚在一起，将会催生出巨大的商业成功。

研究与咨询顾问公司法拉奇绿讯（Ferrazzi Greenlight）的创始人基思·法拉奇指出："超级连接者是这样一类人，他们似乎认识所有人。"事实上，"超级连接者"正是他在其代表作《别独自用餐》中创造出来的一个词。法拉奇表示，这些人认为"弱联系"和"强关系"同样重要。他解释说，为了扩大自身的兴趣面和知识面，你需要不断丰富自己的人脉网络，将那些与你不具太多共性但利益互补的人纳入其中。因此，超级连接者应该和三教九流、各类人群都建立连接。

超级连接者是信息交流的中间人。他们的力量既源自他们的知识，也源自他们认识什么人，二者的重要性难分伯仲。显然，这二者并不相互排斥。超级连接者总是不断地学习，并不断地连接。他们深知，自己遇到的人越多，能学到的也就越多，反之亦然。这正是人们被此类连接者吸引的原因之一：在一个嘈杂的世界中，这就像是一记漂亮的左右开弓的组合拳。

超级连接者能有所成就，有赖于他们深谙社群建设的本质，也就是说，社群建设是使人相互连接以获得共同利益的过程。他们很有耐心，知道长期收益胜过短期收益。他们收获的回报可能并不会立竿见影，但这不是问题。超级连接者的目光很长远。他们有耐心，喜欢全力投入（套用伊索的比喻，他们是龟兔赛跑中的那只乌龟）。

就此而言，超级连接者并非天生的，你可以通过学习成为一位超级连接者（这正是本书的内容）。你可能认为超级连接者都是天生外向的人，喜欢成为聚会的主角，但实际上并非总是如此。事实上，我们认识的一些超一流连接者恰恰是严肃而内向的人——或者恰恰是内向成就了他们。他们在大型活动中会感到无所适从，但在小范围内一对一的互动中却熠熠生辉。他们创造机会，找到与自己特有的社交风格相匹配的人，并与其建立连接。

不过，超级连接者结识他人的目的绝非只为了收集厚厚的一沓名片。超级连接者关心他人，乐于帮助那些有彼此连接需要的人成功进行连接。他们了解人际关系的力量，因而有目的地将个人或团体聚集在一起，以创造共同价值。他们情商超群，善解人意，懂得如何发现他们想连接之人的需求和欲望，哪怕这些人自己尚不清楚自己到底在寻觅些什么。

真正的人际关系建立是一门精深的技艺，需要花费大量时间和精力，并进行深入的思考。（请记住下面这条原则：任何人都可以自称为连接者，但超级连接者只有得到别人的认可才算名副其实。）

正如Contently（一个内容交易平台）的联合创始人、作家沙恩·斯诺所说："人人都喜欢一夜成名的故事，但是在每个一夜成名的故事背后，你都会看到许多不为人知的内在修为、思考和准备。有些人一炮而红后销声匿迹，而有些人最终成功创出一份事业，他们之间的最大区别就在于后者默默做了许多不为人知的工作。他们的成功不仅仅是运气好，而且得益于精心计划和不断思考。无论是创作音乐还是成为连接者，原则都是相通的，成功永远属于那些有准备的人。"

在今天这个人人都迫切希望获得即时满足的时代（许多人仍然相信，一定有一个类似"每天五分钟，打造平坦腹肌"的速成公式能帮助他们打造职场中的人际网络——打造腹肌当然更不在话下），那些人云亦云、装模作样的所谓大师，通过满口行话，不断重弹万金油似的老调来赚取利益并不难。这种错误的论调不断强化着数百万普罗大众的一种观念：与别人"有联系"和成为一名"连接者"是一回事。

这简直是荒谬至极。长远看来，在"有联系"和"连接者"之中，只有一个能够引领你成功建立人际关系，你猜会是哪一个呢？没错，就是成为"连接者"。

为什么我们的肺腑之言值得一听

为什么我们的肺腑之言值得一听？因为我们俩知行合一，言行一致。

我们俩是 2010 年通过一位共同的朋友——丹·沙贝尔介绍而相识的，后者作为研究千禧一代和职场生态的专家而享有盛誉。我们俩分别通过自己的渠道结识了沙贝尔，而他作为一位朋友遍天下的连接者，坚持介绍我们两个彼此认识。显然，他并不确切地知道这样做会带来什么结果，但他显然推测一定会有好事发生。他完全正确，因为我们的生活随着那一次相识而彻底改变了。

在 2006 年从宾夕法尼亚州立大学毕业后，瑞恩接受了他找到的第一份工作，他家乡新泽西州的一家顶级制药公司，那里的制药公司很多，几乎和路边商店一样普遍。他每天坐在一个小隔间里辛勤工作，赚取对一位初出茅庐的大学毕业生而言相当合理的薪水，但是他……郁郁寡欢。

瑞恩·波并不是唯一身处此种境地的人，他毕生的好友、大学一年级的室友瑞恩·希利当时坐在华盛顿特区的一个小隔间里，同样对自己的第一份工作感到无比沮丧。他们经常在一起吐槽，抱怨自己过得有多不开心。最后，两位瑞恩决定做点什么。

如同瑞恩·波后来所说，他们意识到，尽管他们不得不从事收入稳定但令人意志消沉的工作，但他们至少可以在这种稳定的庇护下"抽空思考如何追求自己的梦想"。

当时，博客正处于方兴未艾的时期，特别是在 X 世代①和婴儿潮一代的招聘专员、招聘经理和人力资源专业人士中。这些人刚刚开始招聘到 Y 世代和千禧一代（像瑞恩一样年纪）的员工，但是他们发现，和这些职场新人合作很困难，而这种焦虑情绪在他们的博客中找到了宣泄的出口。在他们口中，这些傲慢的年轻人"自恋""自命不凡""毫无忠诚"。众多报纸和杂志文章，以及像《我一代》②（Generation Me）这样的书，也都在不遗余力地抨击这个群体。"但是，"瑞恩表示，"我们这一代人中却没有人发声。"于是，两位瑞恩决定建一个名为"雇员进化"（Employee Evolution）的博客，为他们这一代人发声。

他们撰写博文，从自己的视角描述不同年龄段的人在职场中的冲突，为他们的同龄人辩护，并试图颠覆人们对年青一代的固有偏见。他们很快吸引了公众的关注，《华尔街日报》和《纽约时报》都对他俩进行了专题报道，莫利·塞弗还邀请他们上了其主持的《60 分钟》节目。

---

① 在美国，X 世代指出生于 20 世纪 60 年代中期至 70 年代末的一代人；婴儿潮一代指出生于 1946—1964 年的人；Y 世代指出生于 1983—1995 年的一代人；千禧一代通常指婴儿潮一代的子女，是活跃于互联网的一代人。——编者注

② 译名据 2012 年 5 月黑龙江教育出版社出版的中译本。——译者注

一件有趣的事情发生了：他们发现自己既不是唯一对工作现状不满的人，也不是唯一因自己这一代人所受的偏见而愤愤不平的人。他们结识并支持了许多其他博主，其中很多人因和他们拥有相同的信念而成为他们的好朋友，其中就包括一位名叫佩内洛普·特伦克的女性博主。

特伦克是位 X 世代，她曾写过一本书，名为《厚脸皮的野心家：成功的新法则》。这本书成为 Y 世代的职场指南。它如此受欢迎，以至于《波士顿环球报》专门为它开设了一个专栏。此外，一个备受争议的职业博客也被建立起来，并一直活跃至今。不过她并不满足于此，而是希望围绕"厚脸皮的野心家"这个品牌做些更大的事情，两位瑞恩就此登场。

特伦克并不清楚下一步想用自己的品牌做些什么，但她知道她想让它变成一家初创公司，并且她不想一个人做这件事。因为经常在她自己的博客上看到"雇员进化"发表的评论（他们是她的超级粉丝），她找到了后者，并且邀请两位瑞恩成为她新公司的合伙人。

他们共同创建了"厚脸皮的野心家 2.0"，这是一个专门针对刚刚步入职场的年轻专业人员的在线社群，这些人可以在上面分享自己遇到的挑战和挫折，并互相提供支持。他们之前结识的博主朋友和通过"雇员进化"博客网聚的同好成为社群的中坚人物（后面我们还会介绍更多有关中坚人物的内容）。新闻博客 Mashable 在 2009 年称赞这个小型初创公司是"Y 世代顶尖的社交网络目的地之一"。

现在让我们快进到 2010 年。彼时两位瑞恩定居在威斯康星州的麦迪逊，因为特伦克和家人住在那里（当你刚刚 20 岁出头，而你的事业伙伴已经有丈夫、两个孩子，还买了房子，你会很自然地在办公地点方面迁就她）。当时他们已经筹集了超过 100 万美元的资金，他们的"厚脸皮的野心家 2.0"网络平台也吸引了数十万用户，但他们并没有赚到钱。正如瑞恩所说，"我们必须做一个大转变，或者就像创业者在失败后从头来过时喜欢说的，做出关键转折"。

他们不得不引入新的管理层。他们的一位主要投资人，一位对他们充满信心的资深首席执行官加入了他们。"厚脸皮的野心家 2.0"开始转型为一个 SaaS（软件即服务）平台，提供快速建立人脉网络的机会，帮助招聘人员和求职者、在校大学生和校友，以及任何其他你能想到的关系组合通过网络建立连接。这是一个大胆的举动，灵感来自"聊天轮盘赌"（没错，就是那个满是令人毛骨悚然的裸聊者的社交平台）。

然后，意外的惊喜出现了：公司开始赚钱了！他们成功吸引到大品牌客户，而公司也作为一家 SaaS 型技术公司获得重生，并更名为"厚脸皮技术公司"。

尽管瑞恩为自己联合创办的公司开始显现成功迹象而激动不已，但他同时也开始觉得，自己在这家公司的职业生涯即将结束。在内心深处，他曾经是（现在仍然是）一个社群建设者，而他觉得自己已经无法为团队贡献自己的最大价值。

一天下午，他和一位叫丹·沙贝尔的朋友坐在马萨诸塞州查塔姆的海滩上，就在那一刻，他的生活发生了改变。沙贝尔建议他与一位名叫斯科特·格伯的企业家建立联系，因为后者当时正在研究的领域正对他的胃口。斯科特曾在纽约大学学习电影，并且在大学期间即成为一名非常成功的制片人。他对做生意一无所知，只能依靠谷歌来帮助他解读诸如"损益表"这样的术语。他的家人帮不上什么忙，因为他们也不是企业家或者大亨。他并没有正式的导师或顾问来指点他何为对错，他所依赖的只是直觉、推销技巧、没完没了的天真，以及不达目的誓不罢休的厚脸皮精神。

他创立了一家不错的企业，并在大学三年级时就赚到一大笔钱。但仅仅一年后他就把钱全赔光了，主要因为他是一个新手，犯了很多愚蠢的错误，而周围又没有一个人际网络帮他应对面临的商业挑战。那一刻，他向自己许下诺言，一定不要让另一个企业家经历和他一样孤立无援的感受，也一定不要让另一个年轻的创业者像他一样，在没有人脉或任何其他人际连接的情况下盲目行事。他发誓，如果他能挣到钱，就要创建一个团体，让志同道合的年轻企业家可以互相帮助，共同解决他曾面临过的各种挑战。

2005 年大学毕业后，他没有遵从家里人找一份"真正的工作"的心愿，而是用自己名下最后的 700 美元创建了另一家公司——Sizzle It![①]。这家公司主要为公关和市场营销公司制作视频宣传短片（俗称 "sizzle reels"）。他吸取了过去所犯错误的教训，生意做得风生水起，赚取了丰厚的利润，并拥有了多个世界上最大的品牌和广告代理客户。

两年后，他兑现了自己的诺言，一个名为"青年企业家理事会"（Young Entrepreneur Council，通常被称为 YEC）的机构雏形就此诞生。

---

① 原意是快速烹饪食物并令其发出咝咝作响的声音，与之后提到的视频宣传短片的俗称形成双关语意。——译者注

2010年经济衰退来袭后，斯科特开始与大学和青年创业者团体分享他的故事。他觉得大学生们可以把他当作同龄人，并在他的经历中找到价值和灵感。毕竟，他只比作为听众的大学生们大了几岁而已。

随后，媒体闻声而来，它们的报道引起了全美各地数十位年轻企业家的注意。斯科特的言论引发了他们深深的共鸣，他们中的许多人主动与他联系，并在他随后与大学生和青年团体交流时加入其中。随着媒体对年轻人的创业精神和YEC的关注达到狂热程度，斯科特再次拓宽了这一概念。他开始向全国各地初出茅庐的创业者征集他们面临的商业问题和挑战，并将问题汇总，提交给他新会聚起的成功企业家团队，由他们来回答这些问题。随后，他与几家一直对他进行报道的媒体机构，如 *Inc.* 杂志、《时代》周刊和《华尔街日报》合作，在这些媒体上公开发表了团队对问题的集体回应。

随着问题越提越多，想要加入的媒体也越来越多，斯科特不断与其他同龄的成功年轻企业家接触，邀请他们加入团队。而他们也反过来把他介绍给自己的人际网络，这其中就包括丹·沙贝尔。

经过足足一个月不断的邮件交流，瑞恩和斯科特终于通了电话。两人一拍即合，这时候大家决定一起认真做点事。"我还记得当时在想，'哇，我的商业建议会和红迪网（Reddit）的联合创始人亚历克西斯·奥哈尼安的建议一起被分享出去！'"瑞恩回忆道，"我们一定能借助这个团队做更多的事情。"于是，瑞恩开始定期从麦迪逊飞往曼哈顿。我们会整日在城里漫步，讨论应如何建立下一个伟大的创业组织。我们吃了好多帕内拉面包，当时撑得要死，不过在我们一步步明晰愿景的过程中，这些碳水化合物很快就被消耗掉了。

　　我们都认识到，要赢更要受欢迎是完全可能的。首先，我们想要帮助其他人做生意，但我们也希望能够为自己创造足够的价值，以确保 YEC 不会因为缺乏关注而成为创业圈中另一个失败的茶余饭后的话题。但这并非易事。我们都担心：人们会喜欢我们以正式方式提供的东西吗？他们会愿意为此付钱吗？

　　我们欣喜地发现，答案是"愿意"。

　　我们当时并没有意识到我们创造了多少价值，也没有意识到我们对其他人有多大价值（这一点我们随后再详细讨论）。慢慢地，一个初期只是走一步看一步的组织逐步变成了一家可持续经营的合法企业。最终，我们都离开了自己之前创办的企业，全职进入 YEC，并将其发展成为今天这个生机勃勃、充满活力的组织。

　　到了 2012 年，YEC 已经发展成为一个庞大的企业家和媒体资源库。如今，YEC 的会员已经包括超过 1 700 名遍布北美的企业家，他们的年龄均在 40 岁以下，公司年收入超过 100 万美元。通过这一组织，数以千计卓有成效的商业联系得以建立，同时 YEC 自身也每年创造着数百万美元的收入。我们在 YEC 的成功甚至激励了其他会员群组的建立，这些群组通过与《福布斯》和《男士健康》杂志等组织合作，面向不同业务领域专业人士提供服务。现在，这些社群在我们新成立的伞形公司——"社群公司"（The Community Company）的架构下与 YEC 并驾齐驱，与媒体企业、全球品牌和名人密切合作，建立专业组织，帮助我们的合作伙伴提升相关方的参与度和客户亲和力。

　　这一切都应归功于来自第三方的介绍，是他将我们这两个生活在美国不同地区但拥有相似理念的人联系起来。感谢我们共同的朋友丹，他富有远见，把两个同为连接者、相信并践行这一理念的家伙连接了起来！而这一连接，让我们创造出令人惊奇的结果。我们接过丹抛过来的球，并带着它向前奔跑，所向披靡。我们使用我们的方法创建了社会资本，并最终借此获得了巨大的财务成功。

毋庸讳言，若不是拜我们亲爱的朋友丹·沙贝尔那一次联系所赐，这一切都不会发生。他是位真正的超级连接者，洞见到这个难得的机会，使两个拥有不同优势的人能够创造奇迹。

"我有一种直觉，"丹后来告诉我们，"当时我的脑子里在想，'这两个人性格迥异，但实际上他们正在做同样的事情'。"他的直觉完全正确。如果我们二人没有合作，YEC 将永远不会从一个小想法转变成一场大运动，然后又变为一个成功的企业。这就是一个有效连接的力量，也就是超级连接的力量。同样，只要拥有恰当的语境、目标和思路，一次占据天时、地利与人和的简单连接就能创造巨大的价值。如果我们不信任丹或是他的判断，或者如果我们不选择听从他的良言，我们可能永远不会见面，或是即使见了面也不会进一步深入这段关系。所幸，我们都认识到这是一个值得深入发展的连接，因此，我们得以合作创办一家企业，并让我们两个人的生活都变得更好。

同时，并不是只有我们的生活得到改变，丹的人脉联系和影响力也因此呈现指数级的增长。他的声望随着机会增多而不断增长：他通过 YEC 直接或间接地接触了许多媒体机构和企业家，从而使他大受裨益。YEC 给他带来的广阔人脉让他获益颇丰，而这正是作为超级连接者的美妙之处，因为充满善意、深思熟虑地连接他人，往往会得到投桃报李的意外之喜。

第一部分

打造属于自己的超级人脉

对连接者而言，介绍两个人认识的缘由应该是"我认为你们两个应该见面，因为你们都有一个共同的目标，彼此认识对你们俩大有裨益"，而不是"你们两个应该见面，因为你们中的一个可以帮助另一个"。

第一课

传统"关系网"的终结

　　从某种意义上来说，在今天想结识一个人比以往任何时候都容易。感谢众多社交媒体平台，想找到任何一个人似乎都易如反掌。你只需要在虚拟的平台上轻轻"点"他们一下，然后他们再"点"回来，一眨眼的工夫，他们就成为你通讯录上的"五百密友"之一。简直酷极了！

　　由于能够和其他人越来越便捷地相互联系，我们似乎已将人际连接的真正含义抛到脑后，而是把这二者混为一谈。事实上，相互联系和人际连接完全不是一回事。现在大多数人孜孜以求的是不停地相互联系，而非进行人际连接。他们感兴趣的是扩大关系网的范围，而不是追求品质。而我们则恰恰相反：我们希望你遵循的建立人际联系的准则，与社交媒体所鼓吹的方法迥然不同。

请正视这个现实：我们习以为常，并且一直奉为圭臬的关系网已经彻底死亡，或者至少已是奄奄一息、回天乏力。事实上，我们甚至希望彻底摒弃关系网的说法，并以人际连接取而代之。

那么谁应该对这个词的消亡负责呢？老实说，在某种程度上来说我们人人有份。无论是在社交媒体上，还是在决定是否出席会议时，乃至在日常人际互动中，我们总是追求多多益善，为拉关系而拉关系。正是这种态度和方式使关系网彻底堕落，从可以助力我们获得事业成功的可靠支柱，变成了虚幻的海市蜃楼。

为什么没人告诉你所谓的关系网已经一命呜呼？这是因为，通过继续给这种过时的、贪婪索取型的人际关系背书，软件公司、咨询公司等众多行业每年能获得数十亿美元的收入。

传销行业——即所谓的多层式推销——就是一个绝佳的例子。市面上有成百上千家传销公司一直向人们鼓吹，他们应该去结识他人，把这种关系"变现"，并且循环往复，不必介意这种做法毁掉了我们的生活、我们的未来，以及我们的友谊。而我们居然让它们得逞了！对此我们每个人都难辞其咎，正是因为我们缺乏清醒的认识，并且不愿意改变固有行为，才将我们引入泥潭。我们仍然沿用打造关系网的这一套陈规陋习，仅仅是因为有人告诉我们它们大有奇效。我们拒绝学习新的方法，而是墨守成规。但实际上，它们一无是处！

层出不穷的大师、会议组织者和传销贩子每天都在向我们灌输过时的"窍门"、"技巧"和"捷径"，告诉我们怎样最有效地建立有价值的"关系"（根据他们的定义，这是"打开销路"的不二法门）。

可惜，这样做并不能帮助我们建立真正的人际关系，一点都不能。

那么，我们为什么任由自己踏上这条为拉关系而拉关系和过度使用社交媒体的不归路呢？因为我们已经对此上瘾了。

在所有互联网用户中，大约5%~10%的人已成为屏幕瘾君子。《网络心理学、行为和社交网络》杂志在2014年12月进行的一项研究发现，全球6%的人沉迷于互联网。按全球约70亿总人口计算，这意味着约4.2亿人在登录网络时会经历强烈快感，与瘾君子们吸毒或酗酒后的感受类似。

换言之，我们已不折不扣地沉迷其中，无法自拔。

如果重回旧日时光，比如说刚刚迈入21世纪时，那时我们打造关系网的方式千篇一律。你去参加活动，派发名片，再在领英上点击一下，一切搞定！你们已经"建立联系"，就此万事大吉。

没人会介意这段关系几乎不会被带入你们的实际生活中。当然，你和你新的"密友"可能会偶尔互发一封邮件，或是把彼此放在常用联系人邮件列表上，但一切仅止于此。不过，你依然会尽职尽责地重复这种做法，一个一个地积累自己的"关系"。你被谆谆教诲说，这是一条必经之路：要想在公司的晋升阶梯上不断向上攀爬或取得商业成功，你必须尽量和更多的人拉关系。你永远不知道你的贵人会在什么时候出现，助你攀上职业新高峰，或是把你的事业带到新境界。

在某个层面上，这么想也没错，因为你并不知道你会遇到什么人，以及他们会如何改变你的小宇宙。但是，除了在大型会展中心，比如说在老套的贸易展上寻寻觅觅之外，还有更好的办法找到你的贵人。在把自己变成一个行走的收纳袋，四处收集名片之前，你最好扪心自问：这真的是我利用时间的最好方法吗？这是我达成理想结果最明智的方法吗？

我们可以帮你回答：不，这并不是。有种更好的方法来建立有意义的互利关系，从而产生真正的结果。

确实，我们在努力拓展关系网的过程中，似乎忽略了它的根本目的，即与另一个人建立互利的关系，并长期保持这种关系。

从修辞的角度（而这正是传销业的核心思想），各种箴言和网络热文各有不同抓人眼球的内容和标题，但在本质上，这些典型的推销话术千篇一律，说的都是："如果你能在社交媒体上精心培养粉丝和关注者，使用'集客营销'技巧定期分享内容，并参加各种拓展关系网的活动，假以时日，你就能够打造出一个巨大的人际网络，并从中获益，即取得巨大的商业利益。"不必花时间和耗费精力去了解你遇到的那些活生生的人，只需要以"增长黑客"的方式成功拓展自己的人脉！

上面的内容仅仅读起来就已经让人筋疲力尽了。

真实的情况是，你在网上拥有的联系人和关注者的数量并不代表你所拥有的真实关系的数量。无论是虚拟"联系"还是线下"联系"，其本身并无价值可言，社会资本也不能用点赞量和分享量来衡量。相反，你必须与适合的人进行恰当的交谈，采取恰当的行动并发生恰当的价值交换才能获取社会资本，并建立信任和有意义的关系。（我们在这里所说的价值交换是指信息、教育、指导、资源或人际连接，包括所有可以交换的有价值的东西。）

一位超级连接者不会问:"我应该如何解决这个商业挑战?"他只会思考:"我认识的什么人能帮我解决这个商业挑战,或是能把我直接和合适的人连接起来?"超级连接者熟知如何利用社会资本来解决商业挑战,就像餐厅的侍者清楚知道你的清蒸龙虾应该配哪种葡萄酒一样。我们已经花费几百个小时来思考这个问题,并创造出一种系统的方法,而我们将在本书中对你倾囊以授。

请记住,我们并不是让你把自己所有的习惯都弃如敝屣。我们并不是让你躲开所有会议,或是从此不再在社交媒体上发布任何东西。会议可以成为很好的工具,我们也在会议上遇到过许多令我们印象深刻的人。不过,你确实需要再仔细分析自己出席会议的各种利弊得失,包括你为什么参加会议以及你在会议中的所作所为。我们绝不是建议你不再使用社交媒体或参加活动,我们只是强调,更明智、更有策略地行事对你而言十分重要。

你可以沿用此前一直使用的工具和人脉资产,只是以不同的方式、出于不同的原因使用它们。例如,虽然技术能给我们带来巨大的好处,但我们应该将技术作为一种工具来使用,借助它来建立和加强联系,组织集会,以及更好地解读人们的动机、兴趣和欲望。

我们希望教会你正确使用平台的方法,而不是完全依赖它。因此,我们不是要把过去十几年来推动新型商业关系的所有工具都一棒子打死,而是致力于帮助你学会更有策略和更充分地利用自己的时间,而不是像有些人那样只会制造更多噪声。这一系列新的技能将帮助你在职业领域游刃有余。

第二课

拥抱"超级连接者"思维

现实的情况是，自从我们俩在 2010 年第一次见面以来，世界的繁忙和喧闹程度增加了 10 亿倍。我们见证了如雨后春笋般涌现的社交媒体平台、无穷无尽的大小会议，还有数不胜数的人际交往机会，这就是成为超级连接者比以往任何时候都更重要的原因。随着社交媒体不断进军商业和企业领域，我们的世界充斥着过多噪声，而信号，即那些重要、有意义的信息、联系、价值交换和知识共享，几乎已被淹没。在这种情况下，恰当的渠道和社会资本的价值越发凸显，而那些享有独特社会资本渠道的人，在他人眼中自然会比那些没有这些渠道的人更有价值。

未来几年中，有能力建立恰当的人际连接将比以往更加重要。在这种新形势下，要想做到与时俱进，就需要更深刻地理解商业和社群的融合，明白我们需要借助新的思维方式来成功运用既有的实体渠道和在线平台，了解我们需要拥有相应技能才可以在社会资本时代中立足和成功，并且清楚知道现在必须放下多多益善的心态，不再为了拉关系而拉关系，而是转向有计划的、经过深思熟虑的人际连接方法。

这其实已成为正在发生的现实。那些能够切实推动你的事业或职业生涯向前发展的决策者和时尚引领者目前正成群结队地逃离过度饱和的关系网，转而寻找精心策划的、邀请式的体验和社群，在那里他们可以实现其自身价值最大化，并确保不会白白浪费时间。那么，你应该如何联系到他们，甚至更进一步，与他们携手追求更大的胜利呢？

主动出击，与他们建立联系是你必须要做的事情。不管你是否喜欢，那些能够适应不断变化的时代，并掌握这种建立联系的全新理念的人将占得先机，为自己和他人创造价值，并成为备受追捧的全新精英专业人士队伍的一分子。

我们希望对你倾囊以授，告诉你我们的做法。你不一定要成为全球领袖或是行业大咖，只需成为你想要进入的任何圈子的影响力中心即可。我们的目标是让你像一位连接者一样思考、说话、行动，并且取得成功。

作为连接者，我们看待世界的方式与其他人不同，我们的说话方式不同，给人留下的印象不同，使用新技术和对周围环境施加影响的方式也大不相同。

关系网和人际连接之间存在着天壤之别。

以《纽约时报》畅销书作家、播客"伟大学校"的播主刘易斯·豪斯为例，他就对拉关系深恶痛绝。"我要做的是建立连接并增加价值。"他说道，"关系网是一种更功利的产物，重点是为自己带来利益，而不是思考你怎样为眼前这个刚刚结识的人提供帮助，并且真正关注他们的需求，而不是你自己的需求。"

关系网隐含着一层自私的含义，即：你想从别人那里得到一些东西，所以你四处出击，广泛建立联系。沃顿商学院教授、畅销书《沃顿商学院最受欢迎的思维课》①的作者亚当·格兰特表示："我认为关系网的实质就是，某人为了实现某个职业目标而努力网罗各种关系，并尽可能有效地拓展这些关系，然后有效地令其为己所用，因此，它从定义的角度就让我觉得不那么高尚。"

而对一位连接者而言，其所追求的则是介绍两个人彼此相识，并知道他们可以从这段关系受益的乐趣。"所以这种介绍不仅仅是'嘿，我认为你们两个应该见面，因为你们中的一个可以帮助另一个'。"格兰特解释说，"它应该是'我认为你们两个应该见面，因为你们有一个共同的目标，因此彼此认识会对你们俩都大有裨益'。"

基思·法拉奇拥有类似的看法："关系网和拉关系的人这两者都隐含着自私自利的目的，即你之所以这么干，是想看看能从其他人身上得到什么，但这条路根本走不通。而连接者主动联系他人是为了建立同盟，其首要目的是为对方提供服务。拉关系的人喜欢穿梭交际和收集名片，但是如果你所做的只是闲谈几句随后离开，那么

---

① 译名参考中信出版社 2018 年 6 月的中译版。——译者注

对方在事后可能根本不会接听你的电话，这些名片实际上也就毫无价值了。而如果你初次见面就开始求他帮忙，那么你无疑会因乱拉关系而讨人嫌。"

　　建立人际连接时最重要的是发现对方需要什么，以及你能如何提供帮助。法拉奇说："你不一定要帮对方一个大忙，只需为联系对象做些有益的事情即可。一个成功的连接者深知，在参加完一个活动后，如果收集了 50 个人的联系方式，但没有花时间了解他们中的任何一个，还不如只结识一位新朋友，但确信你可以和其建立互惠互利的关系。"

　　要想透过不同的镜头来看世界，用不同的耳朵来聆听，用不同的大脑来分析，你需要重新思考你是如何与周围每个人和每件事进行互动的。你应该怎么做到这一点呢？超级连接者有许多特性，但他们必须拥有的最重要一点就是自我意识。

什么能够真正触动我？

　　自我意识的重点是了解自己的优点和缺点，以及自己的想法和动机，以便最大限度地发挥自己的能力。这意味着个人要知道自己的优点和缺点。有时候，这意味着要避开那些自己不擅长的事情，而不是费尽力气去改进。自我意识还能让你更好地感知别人对你的看法，这一点非常重要，无论是在个人生活还是职业生涯中。

　　斯科特的个人经历让他对此深有感触。他在纽约大学读书时，曾作为六位被选中的学生代表之一与一位好莱坞的资深开发主管见面。斯科特开始想做的是提出富有洞见的问题。他知道自己并不了解这位主管如何做出开拍或是发行一部电影的决策，因此他希望倾听和学习。

不幸的是，他的计划遭遇了挫败。他们刚进教室，一个女生就迅速拿出自己写的剧本，并开始向那位主管大力推销，希望他能选中这个剧本。其他学生都吓坏了。如此大胆！如此放肆！她彻底独占谈话，使这次见面完全成为自己一个人的舞台。那位主管实在太震惊了，以至于会面的后半部分不了了之。

如果她有一点点的自我意识，就会知道自己的行为是不可接受的，而且这样一场会面也绝不会产生出有意义的关系或人际连接。但她对此毫无察觉。在那次会面后，斯科特曾问她是否知道自己做了什么。

"当然，"她回答道，"我给人留下了深刻印象！"

她说得没错，她确实给人留下了深刻的印象，可惜不是她想留下的那种印象。她的行为非常缺乏自知之明，但她并没有意识到这一点，而是以为自己已经搞定了一份好莱坞的工作。

这是斯科特第一次亲眼看到一个完全缺乏自我意识的人如何行事，而这种方式给一个本可能成就不凡的人造成了巨大的损失。

对超级连接者来说，自我意识也很重要，因为它在其他人看待你的方式中起着很大的作用。不管你喜不喜欢，这个世界就是建立在第一印象之上的。人们对你的看法，他们是否会记得你或是关注你，他们是否会被你所吸引，他们是否会与你再次交谈或是想要与你再次交谈，他们会和别人如何谈论你，以及他们将来会因为什么来找你，等等，这一切都是基于他们与你的初次相遇。

研究也证实了这一点。艾米·卡迪是哈佛商学院的社会心理学家，同时也是《存在感》一书的作者。她发现，我们对彼此的最大影响来自一个人感知到的温暖和能力（此处的关键词为感知）。有趣的是，在评估他人时，温暖比能力更重要；但是当我们评估自己时，我们相信能力比温暖更重要。卡迪还发现，所谓"能量姿势"——比如，像神奇女侠①一样双手叉腰放到胯骨上，做出很自信的姿态——能传递对能力的感知。

显然，你不可能在一夜之间神奇地拥有自我意识。它需要你能了解，你在什么情况下会光芒四射，在什么情况下会乏善可陈。你必须知道你的缺陷和不足。通过认识到自己的局限性，你可以开始定义自己的目标或愿景。

例如，大多数人在说到自己的时候不能做到既风趣又巧妙（此处的"巧妙"一词是指能够理解自己谈话的目标并清楚地加以表达，而不仅仅是复述自己的简历）。你不能指望在所有事上都被人记住，而是应该让别人因你所关心，并且想让别人也关心的一些事而被记住。（这就是"关注点"发挥作用的地方，这一点我们稍后会详细说明。）你需要了解什么是自己必须提供的真正价值，而不是自认为应该提供的价值。

瓦妮莎·范·爱德华兹是一位作家和专注于研究人类行为的社

---

① 《神奇女侠》是美国华纳兄弟影片公司出品的奇幻动作片，2017 年 6 月上映。——译者注

会学家，她在自己的行为研究实验室中孜孜以求，探寻哪些东西能真正打动人心，因而对人类的行为研究有了一些心得。她说："大多数人认为超级连接者是'人际关系高手'，但我认为恰恰相反。最好的超级连接者是那些拥有超高自我认知的人。关键不是要了解别人，而是要知道你在哪些方面会如鱼得水以及如何建立连接，甚至知道你最喜欢的开场白是什么。那些认真研究过自己的人才会成为最好的连接者。"

她坦率地承认，她之所以创办公司，是因为她是一个"努力学习交往之道的木讷之人"。她这么说并非因为她有特别强的自我意识。在成长过程中，她专心致学，并且在教室里感到很自在，可是一旦走出教室她就不那么自在了。大学三年级时，一位教授建议她应该像研究数学或科学那样去研究人。他让她做一些提示卡，而她确实照做了。

她说："我做了一些有关开始一场交谈的提示卡，然后做了笔记。在这个过程中，我也开始真正了解自己。我告诉自己，'人们确实很难相处，但你比任何人都更了解你自己，因为你作为瓦妮莎这个人已经 19 年了。先关注你自己吧'。"

当你有了自知之明，你就会学着扬长避短。

当然，这需要练习。例如，丹·沙贝尔就非常了解自己：他是一个内向的人，面对很多人或是喧闹的人群他会很不舒服。他知道自己必须弥补这个缺点，所以他决定在星期五晚上举办小型晚宴，只邀请几个人出席。他说："我创办了一个千禧一代晚餐俱乐部，每个月在那里定期与人们碰面。这充分发挥了我的长处，而如果让我面对 200 个人,我会无所适从。所以最重要的是你要了解自己。"

我们建议人们像盘点存货一样,梳理自己的优劣之处。你应该列一个清单,复核两次以上,并把答案写在纸上,因为如果你把这些都写下来的话,你就不得不坦诚地面对自己。

以下内容仅供你一人参考(除非你想和别人分享),所以我们鼓励你诚实作答。通过审视自己,你可以决定在哪些地方需要调整,哪些地方需要稍做改变,以及哪些东西能真正帮到你。

你是否了解个人空间这一概念?

你对外展现的是自信还是傲慢?

你喜欢倾听还是擅长表达?

你是一诺千金还是言而无信?

你擅长公开演讲,还是更擅长在线交流?

如果让你主动接触一个陌生人并和他交谈,你会感到舒服,还是会感到恐慌?

其他人在和你初次接触时对你的真实印象是什么?

在与人见面时,你最不擅长的是什么?

你做事的条理性如何?

你是一个好的决策者吗?

你会花时间回复他人吗?

如果谈话的内容你不感兴趣或是对你无关紧要,你会觉得厌烦吗?

你喜欢闲聊吗?

你天生好奇还是固执己见？

你曾经改变过自己某个非常坚定的信念吗？

你撒过谎吗？如果撒过，又是为什么？是因为你想觉得自己很重要，还是因为你觉得要附和并融入其他人？

最后，你对自己上述问题的答案是否满意？你觉得自己有什么需要改进的地方吗？

那么，现在又该怎么办？

我们问过达瑞斯·福鲁斯一模一样的问题。福鲁斯是荷兰人，在大学里学习市场营销六年（荷兰的教育体系与美国不同）。他说："我一直就是个普通人，既不是最聪明的，也不是最笨的那种。"

在他毕业后，他想知道自己下一步该做什么。他意识到自己对什么都知之甚少，于是又回去攻读了一个工商管理硕士学位。其间，他对生产效率产生了兴趣。因为在那段时间，他的学习颇为高效。到 2010 年底，即他撰写硕士毕业论文的那一年，他和父亲创办了一家洗衣技术公司，为酒店和医院的洗衣房开发软件和自动化设备。

他说："我发现，是否拥有生产效率，尤其是你是否了解自己，知道自己擅长和不擅长哪些领域，基本上决定了你会拥有怎样的人生，无论是从幸福的角度还是从其他方面来衡量。"

在那段时期，他还开始研究其他一些东西，并通过自己的博客进行了分享。在过去的七年里，他一直专注于深入研究个人发展和生产效率。他说："生产效率会产生结果，而结果决定了你最终拥有的人生。"

虽然他的公司非常成功，但他决定积累一些大公司的工作经验，于是他于 2014 年在 IT 研究公司高德纳（Gartner）找到一份工作，常驻伦敦大约一年半。他过得很痛苦，因为大公司的工作显然不适合他。他直截了当和开放的沟通方式与企业的文化相互冲突，他觉得自己无所作为，既不开心也不自豪。

那么，然后发生了什么呢？很自然地，他想到了亚里士多德所说的："了解自己是一切智慧的开端。"于是，他辞去了工作。他要再次聚焦在自己的长处之上，即创业精神。他说："那时候，我才真正形成了自我意识。你经常听到这个词，但你对自己的认识是否清醒？回答这个问题的唯一方法就是看你所做的决定。"例如，你的决定到底是基于自身的长处，还是仅仅因为别人在做某些事？

福鲁斯经常问自己擅长什么和不擅长什么。他说："如果你不花时间去努力了解自己，建立自我意识和发展自我意识，那么你所做的几乎每件事都像赌博，对吧？你只是抓住机会，做出决定。你在做事时并没有真正考虑它们。然后你只能等待，看看它是否能让你快乐。"

顺便说一下，我们两个也正是这样做的，而我们所学到的东西对我们自己的生活产生了极大的帮助。

例如，斯科特经常在当下迅速做出商业决策，但这样做有时候会对他的事业和连接者的生活造成负面影响。在他职业生涯的早期，急于介绍他人认识有时会适得其反，因为他跳过了关键的思考步骤，并导致关系彻底破裂或是招人厌烦。现在，尽管他仍然每天都做商业决策，但很少冲动行事。

　　在人多的场合，瑞恩更善于倾听而非侃侃而谈。这既可能是一个优点，也可能是一个缺点，尤其是当许多性格外向的人加入群体对话时，他的本能是躲在后面，让别人讲述自己的故事。他说："虽然当一个好的倾听者也很厉害，但在这种情况下，我很难给人留下印象并推动谈话。"

　　为了弥补这一点，他经常设法与那些对他十分重要的人安排一对一会面的机会。与在一个开放的酒吧中参加群体社交活动相比，在一个舒适的咖啡馆里共享一杯美味咖啡可能产生更大的价值。

第三课

连接者的三种类型

埃丽卡·德旺是一位合作行为方面的专家，为许多领先的品牌和全球机构提供咨询服务。她拥有麻省理工学院、哈佛大学和沃顿商学院的学位。她的演讲极富感染力，吸引了众多的听众。作为《连接时代：激发潜能、搞定大事的连接思维》[①] 一书的合著者，德旺认识到，连接者不仅从性格上可分为内向型和外向型，与他人建立连接的方式也各不相同。德旺认为，连接者可分为三种类型：

思考者（Thinkers）

促成者（Enablers）

连接执行者（Connection executors）

---

① 译名参考中信出版社 2016 年 7 月中译版。——译者注

思考者的好奇心极强，他们在一分钟内就能冒出上百个想法，但往往并不很擅长将这些想法付诸实践。

促成者能够将人们聚在一起并和他们分享各种想法，还喜欢介绍人们彼此相识。

连接执行者是达成目标的人，他们采纳别人的想法并使之成为现实。

德旺指出："你可以有很多促成者不断进行种类协调，但是如果他们不能带来新的想法，你还是不能有效地完成任务。或者，我们来到一家公司，然后发现他们的管理团队中 90% 的人都是思考者，这些人不断提出更多的技术创新想法，却发现根本没有人去执行！因此，我们首先要做的是帮助人们真正了解他们的合作风格是什么，他们的优势何在，还存在哪些差距，以及他们应如何构建团队，从而更有效地利用这些风格。"

重要的是，你首先要确定你是哪种类型的连接者，这样你才能找出自己的优势和劣势。如果不了解自己是哪种类型的连接者，你如何能找到其他人来帮助你弥补自己的弱点，如何知道自己应该把精力集中在什么地方呢？德旺表示："了解自己能让你知道应该和什么样的人合作，并确保他们属于不同类型的连接者。"事实上，我们出于本能也正是这样做的：瑞恩是个内向的人，而斯科特是个外向的人，因此我们正好相辅相成。

我们之所以乐于参考埃丽卡的研究成果，是因为确定自己属于哪种类型的连接者是培养更强自我意识的好方法。你可以由此推测出对你行之有效的策略，并尽量避开自身所有的弱点，或者找到合作伙伴来弥补它们。当然，你并不需要一成不变地遵从这些原则。请记住，超级连接者极其善于向周围的人学习（就像我们俩从埃丽卡那里学习一样），但同时，他们也会制定自己的规则。

如果对我们自己进行分类的话，斯科特是一位"思考者"，他热爱那些天马行空的创意，从来没人说过他缺乏足够的见解。而相对应的，瑞恩则是一个非常出色的"执行者"，这就是为什么他天然就适合担任"社群公司"首席运营官的角色。同时，我们的优势相互交叉形成"促成者"，因此，我们能够以一种共生的方式支持我们创办的公司和机构不断发展。

情商

既然你已经拥有自我意识，并清楚自己是什么类型的连接者，那么现在应该去探索自己的情商了。

"情商"这一概念是由研究人员彼得·萨洛维和约翰·D.梅耶提出的，他们给出的定义是："情商作为人类社会智力的一个组成部分，指个体监控自己和他人的情绪和情感，并识别、利用这些信息指导自己的思想和行为的能力。"这一概念后来被心理学家丹尼尔·戈尔曼推广开来，他于1995年出版了畅销书《情商》[①]。戈尔曼认为智商不应该成为衡量一个人能力的唯一标准；相反，人们的情绪意识和情绪智力也起着重要作用。

---

① 译名参考中信出版社 2010 年 11 月中译版。——译者注

戈尔曼将情商定义为"认识自己和他人的感受，自我激励，很好地控制自己以及在人际交往中的情绪的能力"。情商更多的是关于自己如何关心他人，同理心是它的核心信条之一。"每个人都渴望被他人理解，渴望自己作为人类的需求能够得到照顾。"MastermindTalks（大师一席谈）[①] 的创始人杰森·盖格纳德说。

盖格纳德认为，同理心是世界上最优秀的营销人员取得成功的秘诀。糟糕的营销人员只会介绍产品和与买家毫无关系的事情，但优秀的营销人员则带着目的思考和传达信息。他表示："我总是说，优秀的营销人员有着独特的能力，能够将自己置于其潜在客户的境地，设身处地地理解他们的需要、需求、欲望和恐惧，甚至比客户本人理解得更好。"要想在人际关系方面表现出色，你也需要这样做。"

斯科特曾亲身体验过这种慷慨。在与一个名叫约翰·鲁林的人初次见面后不久，斯科特要去密歇根州的一个小城市出差三天。鲁林是鲁林集团的联合创始人和首席执行官，也是《送礼之道》（*Giftology*）的作者。他和他的团队为全球最大的一些公司和职业运动队设计礼品套装。如果你想知道任何关于送礼物的事，找他就对了。

斯科特的苹果手机在两周前崩溃了，维修公司曾三次试图修复手机，但都没有成功。现在，斯科特已经完全离不开手机，他每天有 12~15 个小时都在用手机工作：打电话、查邮件、上 Slack（一个

---

① MastermindTalks 是一个只面向顶级企业家的高端年度活动，致力于打造世界级人才交流网络。——译者注

团队协作工具软件）或是使用其他应用程序。没有手机简直比丢了一只胳膊或一条腿更糟糕。斯科特说："这件事让我完全丧失了能力，它给我带来的压力你根本无法相信。它已经不仅仅是我的一部电话，而是我通向全部商业和人际网络的门户。"

电话维修公司给他提供了一部临时电话：一部 iPhone 4，但是这部电话根本无法运行任何应用程序，电池也只够用一个小时。

当鲁林和他见面时，斯科特正为此而头疼。他说："当时我已经濒于崩溃，因为就在我刚刚把手机快递出去后，维修我手机的公司就通知我，可能要在两个星期后我才能拿回我的手机，而他们本来告诉我只需要三天的时间。"

但你猜怎么着？鲁林拯救了他！15 个小时后，当斯科特打开他位于密歇根上半岛的酒店房间的门（手里拿着一部没电的 iPhone 4），他看到了一瓶香槟和一张手写的便条，以及一部全新的 iPhone 6 Plus，而且是一款可以立即使用的个性化手机。鲁林——就是那个和斯科特只有一面之缘的鲁林！——从斯科特的助理那里问到了他的手机运营商和他住的酒店，并在一夜间设置好一部手机借给他用，直到他自己的手机修好为止。鲁林并没有要求斯科特支付任何费用，也没有提出归还的最后期限。斯科特完全不敢相信，他回忆说："这表明他不仅在听我说话，而且完全理解我主要的痛点。我当时就想，'这太令人印象深刻了，而且考虑如此周详。我永远也不会忘记这件事'。"他确实一直没有忘记。

鲁林则对此不以为意。他说："看看自己到底能做到什么对我来说是件乐事，我对此已经有些上瘾了。看到自己完成了不可能的事情，我感觉非常开心。"而这同样也反映了他的高情商。

不过，你并不能伪装情商！正如杰森·盖格纳德所说："你不能假装具有同理心或是假装关心他人，你必须真正关心你所做的一切。如果你并不这么想，那么你必须诚实，而不是勉强建立关系。"

选择适合自己的池塘

不过，仅仅拥有高情商也是不够的。你需要了解所有能够激发你行动的事情，包括住在什么地方会让你感到舒适。

多数人认为应该生活在纽约、洛杉矶或是旧金山，因为那里聚集了各行业的大佬，方便建立能够改变生活的关系。错了！你并不需要生活在人口稠密的地方以便结识很多人。那些最有自知之明和最成功的超级连接者扎根于让自己最快乐和最稳定的地方。这是获得满意生活的基础，同时也是建立有意义的深度关系所必需的。

几年前，范·爱德华兹从洛杉矶搬到了俄勒冈州的波特兰。这对她十分重要，因为大城市让她感到焦虑。她知道，在像洛杉矶这样一个面积巨大、人情冷漠的地方，她根本不可能成为一个成功的超级连接者，于是她果断离开。

刚开始，情况似乎很可怕：她在波特兰只有一个熟人。她回忆道："我想，我将彻底没有人际网络了。"但是她错了。事实上，当她从一个大池塘搬到一个小池塘时，她对于结识其他人的整个观念和方法都发生了变化。几个月内，她的人际关系网就已经超过了她在洛杉矶的网络，虽然她是在洛杉矶长大的！

作为一个人类行为"黑客"，范·爱德华兹想进行一项测试，看自己是否能从零开始，把自己的人际网络扩大到比她在洛杉矶的人际网更大的程度？她意识到对自己而言，在一个小池塘里做一条大鱼更好。她说："我相信每个人都有适合自己成功和生存的环境，而建立强大人际网络的关键是，永远不要让自己置身于勉力求生存的环境中。如果你讨厌吵闹的酒吧，那么就不要让自己陷在酒吧这样的场所。"

除此之外，这个自称为"科学怪人"的人还引用了所谓的"物以类聚效应"理论，即：人们喜欢与和自己相似的人聚在一起。"异性相吸只是一个陈词滥调，并没有科学依据。"她说，"当人们存在一个共同点或是一个相同之处时，就会互相吸引。"

这意味着如果你身处一个小池塘里，你会对这个池塘有更清晰的认识。虽然洛杉矶人对波特兰这个地方的心理多多少少有点复杂，但是"波特兰人是俄勒冈州人"，她说道，并且重复强调了每个音节，"所以，在每个池塘里你都能找到共性的东西。"

很酷的一点是，我们所有人都能适应多个池塘。我们可能不会这样想，但我们其实可以登上许多竞技场。例如，范·爱德华兹是一名企业家，一位女性，也是一位社会心理学家。这意味着她可以加入三个群体。她确实是这么做的。事实上，在波特兰还有一个女性科技企业家团体，让她简直喜出望外。她说："在一个正确的池塘，那里的一切都会让你着迷。"

瑞恩的情况非常相似。在他踏上纽约宾州车站和第七大道的那一刻，他脑海里冒出来的第一个想法是："我什么时候可以回家？"他也不是一个能适应大城市生活的人。

当他和斯科特开始认真发展 YEC 时，瑞恩意识到自己希望从威斯康星州搬回东部。纽约本来是一个安家的好地方：斯科特住在纽约（很自然的，他适合生活在大城市里，并作为超级连接者而风生水起）。但瑞恩也知道，在纽约他不会感到安定和舒适，而他需要这种感觉来支持自己迅速有效地建立人际关系。于是，他没有搬到曼哈顿，而是选择了波士顿，一个比纽约小很多的城市。在那里，企业家社群给人的感觉更亲密，人际交往也更容易驾驭。

你最终定居的地方决定了你是否能够成功地建立牢固的关系，这种关系将推动你在生活中不断前行。如果你生活在一个让你感到浑身不舒服的地方，那么你就不会成功（或快乐）。如果像曼哈顿这样的繁华大都会能让你感到肾上腺素激增，那么你应该去那里。如果你在一个小城市中如鱼得水，那么你应该过小城市生活。我们认识一些住在中西部乡村农场里的超级连接者，因为那里是他们最快乐的地方。任何人在任何地方都可以成为超级连接者。你是谁远比你住在哪里更重要。

好奇心

好奇心是影响、引导和激发谈话的引擎。每位超级连接者都是充满好奇的个体，他们喜欢学习和开拓视野，希望尽可能多地从别人那里获得信息，以便日后有所帮助。他们会问很多问题。如果你不是一个生性好奇或天生就喜欢问问题的人，那么现在是你尝试改变这种状况的好时机。这做起来其实没那么难。我们没有要求你奇迹般地长高 5 英寸（12.7 厘米），只是建议你对和你谈话的人多些好奇，问一些问题，然后闭上嘴倾听。

基思·法拉奇表示："对任何想成为超级连接者的人来说，倾听可能是最重要的特质，因为你是那个主动出击、努力建立连接的人。同样，对他人充满好奇也十分重要。"

但是，如果你确实对世界如何运转并不感兴趣又该怎么办呢？（我们知道这很难想象，不过确实也有这样的人存在。）你能培养好奇心吗？在《好奇心：保持对未知世界永不停息的热情》[①]一书中，作家伊恩·莱斯利提供了一系列能帮助你增强好奇心的技巧。他的建议包括去一家实体书店或图书馆，徜徉在书架之间，阅读你目之所及的各类题材的内容，而不仅仅依赖谷歌获取信息。

不过，如果不是天生好奇的人，你也不必担心，只要你不断训练自己能够提出很多问题，你就不会处于劣势。

我们将在第八课深入讨论什么是一个好问题（以及哪些问题的确很糟糕），但在这里我们想强调一点，那就是一个好奇的人通常不会接受对某个问题的第一个回答作为最终答案，相反，他们只是把它视作一层外壳。

好问题的答案就像洋葱一样，需要你把它们层层剥开。你越是不断通过提问深入地探索，就越能获得比上一层次更有深度和价值的发现。

---

① 译名参考中国人民大学出版社 2017 年 1 月中译版。——译者注

例如，对于"你是干什么的"这个问题，你可能会对一个简单
而浮于表面的答案感到满意（例如，我是 XYZ 公司的项目经理）。
如果情况确实如此，那么你的好奇心水平还有待提升。你可以通过
提出一系列后续问题，获取在这个表层答案之下更深层、更有意义
的信息。例如：

"你最喜欢工作中的哪个部分？"

"什么工作让你感觉兴奋？"

"你工作中有哪些挑战让你夜不能寐？"

"除了目前正在做的事情，你还在寻找什么样的机会？"

超越最基本的信息，探索更深层、更实质的领域，这是把初级
连接者和具有超级连接者潜力的人区分开来的重要方面。下次再和新
朋友见面时请记住这一点，要再深入一些，好好运用你的好奇心。

第四课

谁才是你真正应该结交的人

人们会注意到你与什么人为伍。无论是好是坏，我们身边围绕着的人反映了我们自己是什么样的人。所以你要确保总是和自己敬佩的人待在一起，从而为整个人际交往定下基调。你不应该不加选择地建立自己的人际网络，并接纳任何愿意与你交流的人。相反，你要仔细寻找那些在团体中有影响力的人，那些与你拥有共同信念并对你关注的事物充满热情的人，以及那些已经成功建立了有意义的人际网络的人。

超级连接者所做的每一件事都有选择性：他们管理自己的时间，选择合适的同伴，结交正确的人。这样做并不意味着你是个势利小人，并且在他人面前充满优越感，这仅仅意味着你认识到要善于利用自己的时间。

我们都非常忙碌，都在尽力有效地管理时间。你固然可以把自己的时间分给 50 个人，但是这样做的效果肯定不如把精力集中在 5 个人身上，尤其是如果那 5 个人能成为你坚定的支持者，并且会将你认定的使命传递给另外 5 个人，使其像滚雪球一样不断壮大。

超级连接者是我们认识的最专注的一些人，他们精心打磨自己的行为，绝不轻易出手。

达拉·布鲁斯坦之所以创办 Network Under 40，是源于她的一个朋友。这个朋友刚刚大学毕业，并在布鲁斯坦居住的亚特兰大市一家国际律师事务所找到了一份工作，她抱怨说，她的朋友都分散在全国各地，所以她实际上已不再有社交圈，因而觉得无所适从。布鲁斯坦绞尽脑汁，想找到一个合适的活动让这位朋友能够面对面地认识一些新朋友，但是她连一个合适的活动都找不到。于是她决定自己组织一个这样的活动。

她的第一个活动名为"Electric"，共有 94 人参加，其中 90 人是她的朋友。她持续地举办类似活动，每个月都吸引数百人参加，并很快就得到知名媒体的报道。有人邀请她在他们的城市也举办类似的活动，于是她照做了。

布鲁斯坦很清楚，你只能为一些精心选择的人提供有意义的增值，然后你能够提供价值的频率就会降低。她说："如果不能呈现真实的自我，你就不能拓展人际关系或是帮助他人拓展人际关系。你需要呈现真实的自己，然后合适的人将会产生共鸣并被你吸引。"

这并不意味着你必须和每个人友好相处，或者成为每个人最好的朋友。她说："从统计角度看，你只能拥有 X 个关系，例如 5 个亲

密关系，50 个二级关系，大约 150 个三级关系，然后其他所有人都
会丢在一边，根本无暇顾及。"

因此，她会定期清理自己的人际关系。她说："重要的是要考虑
自己核心圈的那 5 个人，因为他们会对你产生极其深远的影响。记
住下面一点十分重要，那就是：外面的人如何看待你在很大程度上
取决于你天天和什么人为伍。因此，不仅要确保他们使你充满活力，
还要确保他们的为人处世方式能够激励你，并帮助你成为一个更优
秀的自我。同时也要记住，人们会根据你的核心圈子来判断你是怎
样的人，所以应该确保你的选择是明智的。"

顺便说一下，你这么做不一定是因为你想干成什么大事。

2006 年，埃利奥特·比斯诺还是威斯康星大学一名 20 岁的大
学生，既没有人生导师，也没有人际网络。他迫切希望拥有这二者，
因此他选出 20 位年轻企业家，这些人都正在从事着非常酷的事业，
然后他唐突地直接给他们打电话，邀请他们去犹他州的阿尔塔滑雪，
所有费用全包（这个计划得益于他妈妈的鼎力相助）。他邀请的所有
人当时都只是企业界的新人：乔希·艾布拉姆森和里奇·范·维恩
尚未创办 CollegeHumor（一个搞笑视频网站）；布雷克·麦考斯基还
没有把汤姆布鞋变成一个帝国。比斯诺只知道，他们正是他想认识
的人。

比斯诺在首次滑雪之旅前只有一个目标，那就是把 20 个有趣、善
良的人聚在一起，"目的是通过这次活动认识 6 个了不起的新朋友"。

他得到了想要的新关系，并且远不止于此。最初参加的人又邀
请了其他人参加第二次旅行，而那些人再邀请其他人参加第三次旅

行，如此这般，这个社群不断壮大：今天，已经有数千人参加了他所谓的"巅峰系列活动"（现在简称为"巅峰"）。

不可否认，像对待卢浮宫艺术珍品那样"精心管理"人际关系的想法听起来略有些令人生厌，而另一方面，你也必须考虑自己想和哪些人聚在一起，因为联盟中蕴含着力量。

比斯诺将其定义为"生活方式设计"，也就是说，认真考虑你希望与谁共度时光。"你是否愿意过这样一种生活：天天吃快餐，工作到很晚，家人排在第二位，并且在你的生活中充斥着会带来不良影响的人？或者你是否希望自己的生活每天都充满了积极健康的正能量，你周围的人也都关心这个世界和我们的地球？它意味着你有意识地选择自己的朋友、自己居住的地方、自己所吃的食物，以及自己如何度过一生。"

顺便说一句，他从来没有用过"专属"这个词。他更喜欢自我选择。他说："我们只是想让那些真正善良和对世界充满热情的人聚在一起。我并不认为这个标准高到是专属的，任何人都可以自己选择成为其中一员。"

对有些人来说，选择意味着专属于一个结构化的正式团体，但对另一些人来说，它意味的可能只是你与什么样的人为伍。你并不需要成为所有人最好的朋友。

那么，你应如何区分哪些关系是需要你投入时间精力好好耕耘，而哪些不是呢？2 Degrees 创始人兼首席执行官米奇·坎纳认同上面的观点，他的公司专注于将品牌与人的影响力结合，以创造文化时刻。坎纳首先发现了将二者相连带来的机会，并因此令百万三星手机用户参与到说唱巨星 Jay-Z 的专辑《大宪章圣杯》的发行宣传中。他曾入围《广告时代》杂志"最火社交达人"名单，但他低调而神秘。他对虚名并不感兴趣，而是只关注结果。坎纳建议说："在精心培养人际关系时，应选择那些能够与你一起实现独特而具有战略意义的伟大想法的人，并成功地与他们建立长期的信任关系，因为真正有价值的关系都是持久的。从商业角度来看，这些人会不断成长和发展，并继续与你合作。关键是你们要相互信任，并能产生让你们一战成名的好想法。"

坎纳坚持和少数几个精心选择的重要客户合作，而不是把精力消耗在毫无联系的一大群客户身上，他为此而感到自豪。他关注的主要原则包括才华、个性、执行能力、伙伴关系和智慧，彼此是否拥有共同点，以及他们的人品。

无论如何，永远不要在价值观方面妥协，即使这意味着你在与某人的交往中会吃亏。

这是因为：你正在创造自己周遭的世界，因此你应该决定人们应该如何互动。你要制定人际交往的规则，而这反过来也将决定你如何建立你的社群。你应该决定和谁共度自己宝贵的时间，以及打算和谁建立密切而深入的关系。不过，请不要试图和太多的人建立连接，或是同时做太多的事情，以至于让你左支右绌！这是一个许多有潜力成为超级连接者的人常犯的错误。通过控制核心圈子的规模，你会惊讶地发现你能更好地帮助这个世界上更多的人，而这些人和你志同道合。

显然，并不是每个人家里都有金山，从而顺理成章地帮助他筹划建立一个精英社群，实现超级连接者的梦想。就让像比斯诺这样的人的故事激励自己吧，但请不要强求你也要达到同样的标准。你只需做一些简单的评估，然后开始在自己的世界中积极管理人际关系，并善用选择的艺术……

首先，你需要评估自己。你可以自问：我是否掌控着我生命中的关系，还是将控制权拱手让给了其他人？如果是后者，我应该如何夺回掌控权？更重要的是，一旦我拥有了这种掌控权，我将如何使用它？

要做到这一步，你应该先确定自己在生活中到底要做出什么样的选择：什么样的人值得我投入时间？为什么？同样重要的是，什么样的人不值得？

如果我不能控制自己的大部分或全部时间，那么我为什么会心甘情愿地跟随别人的步伐？

我可以立即收回这一权力吗？还是只能慢慢来？为什么？或者为什么不？

如果有什么东西阻止我掌控自己的时间，我是否可以制订一个计划来减少我的时间投入，直到我完全摆脱类似的人、承诺或活动？

其次，你应该评估你的习惯和活动：过去一周我都参加了哪些活动？什么活动是值得我花时间参与的？什么不是？什么活动是我肯定会再参加或是会花更多时间参与的？什么活动是我今后再也不会碰的？

最后，你应该评估其他人：过去一周我都和谁待在一起？花在谁身上的时间让我感到值得？谁让我觉得是在浪费时间？

根据自己上周遇到的人，你十分确定应该把更多时间投入到哪类人身上，哪类人是你今后再也不想遇见的。

在进行上面的每一步时，你都可以画一个简单的两列图表。其中一列写下你想花时间发展的特质，以及你想花时间的人和事所具有的特质（例如"雄心勃勃""在相同的行业""有价值的见解"等）。在另一列中写下你不想花时间发展的特质，以及你不想花时间的人和事所具有的特质（例如"不在同一个行业""整晚无聊地看电影"等）。

这将帮助你剔除那些你并不想花时间交往的人，并把自己的精力更多集中在那些你想要花时间的人身上。

你发自内心的关注点是什么？

你的关注点应该是你坚定支持的人和事，它代表了你是谁和你相信什么。理想情况下，你应该能够用两句话表达出这些内容。了解自己的关注点有助于你定义自己的目标。

你应该清楚自己做过的事是出于何种目的。你都关心什么？为什么会关心你所关心的那些事？你希望别人如何看待你？

大多数人不仅不能用一种明智而有趣的方式谈论自己，而且也不确定自己在工作中要达到什么目标。他们读了一本商业书，告诉他们应该做内容营销，并在 XYZ 领域内创建自己的个人品牌，于是他们就照做了（或是雇用其他人来做此事），然后开始期待他人主动过来找他们。

　　这实在是太老土了。更重要的是，人们知道你并不真诚，他们在 100 英里之外就能闻到虚伪的气息。当你做的事情并不是发自内心时，他们心知肚明。

　　的确，在出于人际交往策略而决定"我要尽可能做到真实！"和让别人说出"看，这是一个真实的家伙"之间，存在着巨大的差异。你的目标不应该是四处推销自己是一个真实的人，而应努力通过其他人的真实性测试。你同时需要具备外部真实性和内部真实性，即：你需要表里如一！

　　史蒂夫·西姆斯年届五旬，是 The Bluefish 公司的首席执行官，他称自己的公司是"世界上最成功的礼宾服务公司"，而"我就是那个搞定一切的人"。

　　在他看来，"'真诚'已经成为一块新的遮羞布！关系网现在已经成为商界中最肮脏的一个词。你必须以不加粉饰的方式去面对他人，即明确讲出你的真实目的"。

　　人们仅仅通过你的意图和你的语气就能判断你是否真诚。如果你惹人生厌，而且只说不做，别人一眼就能看穿你是什么样的人。你肯定知道自己什么时候是在进行一场认真的谈话而不是肤浅的寒暄，不是吗？

　　希望你还记得，我们两位作者建立联系的部分原因是因为，我们都想帮助像我们这样的年轻企业家，我们都想帮助他们有渠道获得更好的人脉和资源，于是 YEC 诞生了。我们深信，年轻的企业家之所以来敲门，是因为在我们所撰写和发布的每一篇文章、每一条推特中，在我们利用业余时间志愿进行的每个活动中，都贯彻着我们所看重的东西。我们拥有自己坚信的明确的价值观，那就是：美德。我们不仅仅撰写关于美德的文章，或只是和媒体谈论它，而是在生活中也在不断践行它。我们决不夸夸其谈，而是言出必行。

不过，其中的重点是，我们的专业知识是通过自然累积和发展而来，而不是始于炮制响亮的关键词和口号，以获得更好的 SEO（搜索引擎优化）。一切都是自然发生的、真实的，是通过多年的耐心培育和不懈坚持慢慢成长起来的。那些急功近利、投机取巧的人最终一定会失败。我们努力实践我们所宣扬的东西，亲自动手去指导别人。我们发起了一场运动，推动国会通过一项有助于缓解青年失业率的法案，并召集其他企业家、意见领袖和政治家共同支持这项法案。我们甚至试图让斯蒂芬·科尔伯特给它加上点"科尔伯特效应"①，这个全国性的倡议得到我们受众的巨大支持。（真可惜，我们并没有成功。不过我们希望他能读到这本书，并且重新考虑这一提议。）

尽管我们（谦虚地）承认我们擅长自己所做的事情，但我们不相信仅凭这种厚脸皮的自信就能够成就今天的我们。比这更重要的是我们投入的工作，以及我们对这项工作真实的关心。我们不是站在那里说漂亮话，而是采取了实际的行动。如果我们俩都根本不关心年轻企业家或 Y 世代，我们所写的或是所说的一切都会流于假惺惺的空谈。如果真是那样，人们会一眼看穿我们，我们则咎由自取。

---

① 斯蒂芬·科尔伯特是美国知名的夜间脱口秀主持人，他主持的政治讽刺类脱口秀节目《科尔伯特报告》曾获艾美奖提名，拥有很高的收视率。该脱口秀节目讨论的话题或是参与节目的人，往往会迅速吸引巨大的公众注意力，即所谓科尔伯特效应（Colbert Bump）。——译者注

我们说这些的寓意何在？那就是：不要做你并不真想做的事。

这也正是 Tech Ladies 的创始人艾莉森·埃斯波西托在建立自己的社群时一直铭记在心的原则。Tech Ladies 是一个网络社群，旨在将女性与科技界最优秀的工作联系在一起。埃斯波西托认识到，从事科技工作的妇女需要一个安全的空间。她的想法是"扩大善意"。在她的职业生涯中，她经历过性骚扰和性别歧视，因此她想道："我们怎样构建解决方案，借助关系网络和群体的力量，帮助在科技领域工作的女性获得更好的工作体验呢？"

随着 Tech Ladies 逐渐成长壮大，她开始感受到她在职业生涯中从未有过的安全感。她说："你知道，如果发生了一件超出我控制范围的非常糟糕的事情，我现在有几百人可以交谈和联系，并依靠她们找到我的下一份工作。我开始觉得在我的职业生涯中第一次获得了工作上的安全感，而这是真正吸引我的地方。"今天，Tech Ladies 已经拥有 15 000 名会员。

通过精心设计的目标，你可以定义哪些关系对你最重要、需要着力培养，也可以学习如何为这些关系打下基础，并决定如何维护它们。

第五课

小圈子里的关键人物

　　超级连接者知道自己该问什么问题，同时也非常善于倾听。但他们有时候也喜欢身边有一个人，可以倾听他们的想法并和他们共同探讨，我们一般称这种人为"中坚人物"，不过现在姑且可将他们视为连接者的连接者。

　　YEC 之所以能有今天的价值，很大一部分原因是我们从一开始时就找到了一小群人，这些人理解我们的使命，即：创建一个小圈子，让人们愿意放下戒备，以专业的身份相互分享和彼此支持。当我们开放这个社群，并且通过相互引荐使其不断发展壮大时，它就拥有了自己的生命。当我们帮助一些人建立起有效的连接，或是帮他们在媒体上提高知名度后，他们很自然地会告诉自己的企业家伙伴，如此往复。

这些我们称之为"中坚人物"的人从本质上来说是值得信赖的顾问，是建立任何成功社群的基石，也是会一直伴你左右的长期连接。

中坚人物无比重要，因为他们可以为你打开一扇扇大门，让你认识其他令人惊叹的人，并可以奠定其他人如何看待你的基调。中坚人物可以是任何人，包括某个团体的组织者（无论是营利组织还是非营利性组织）、咨询顾问，或是朋友和家庭成员。他们是谁并不重要，重要的是他们是你想做的任何事情的基石。他们既能在眼前帮上忙（将你介绍给他人，为你引荐更多联盟，从而帮助你不断推进关系建设），也会长期提供支持（帮助你维护和发展人际网络，使其呈现指数级增长，并让你牢牢居于这个网络的核心）。

例如，当我们刚开始启动 YEC 时，我们只有约 30 名成员。我们的想法是以此为基础来发展这个组织。如果你可以创造一个人们真正关心的特别事物——比如说，如果能找到 5 个或 10 个社群资产的投资者，帮助他们彼此交换和汇集核心信息——显然比让他们分别与 8 000 人接触更有价值。

有一点十分重要，那就是会聚起能够认同你为团体利益所做努力的人。你还应该提供持续不断的训练，以便他们在达到适当水平后能够自己举起火炬并沿着同样的道路继续前行。

为什么要这样做？因为你没有办法让自己不断分身！你不可能同时出现在所有地方，因此你应该让别人成为大使，自主采取行动并拥有主人翁责任感。

超级连接者能够与这些中坚人物建立联盟，以弥补自身弱点，增强信誉度，并获得联盟的价值。你所拥有的中坚人物还可以帮助你向其他人展示你结交的都是些什么人，并使你能够更顺畅地进入其他人的人际网络。如果你是个内向的人，这可能意味着你应该和一位外向的人合作，把你从自己的壳里拉出来。如果你是个外向的人，这可能意味着与你合作的那个人应该能帮助你回到现实，并把你和那些你想认识的内向的人联系起来，而这些人本来可能会因为你超级外向的性格而心存疑虑。

中坚人物能够带来信任和价值，并通过与你建立联盟，表明你也同样可信。设想一下，如果你进入一个全世界最有权势的人组成的小圈子，而且是被一个已经拥有良好信誉、受人信任、交际广泛的内部人士带进来的，你将会立刻受到信任。这个原则广泛适用，无论你面对的是一个大圈子，还是一个本地专业人士的小型私密聚会，都是如此。

过去这些年，我们俩都因为作为彼此的"中坚人物"而结识了非常多了不起的人。毫无疑问，斯科特作为一个外向的人，将很多人介绍给了瑞恩。但瑞恩同样介绍斯科特认识了许多人，尤其是值得结识的内向的人。这些人本来可能不敢去见斯科特，并且会避开那些斯科特喜欢认识新朋友的地方（如一些大型的社交聚会），纯粹因为他们认识瑞恩，斯科特立刻拥有了可信度，反之亦然。当然，中坚人物并不仅仅指拥有不同个性的人，他们也可以只是把你拉进他们的圈子，并帮助你打破僵局。

顺便说一句，MastermindTalks 的杰森·盖格纳德在创业初期并不是一位超级连接者。他的目标是将人们聚集在一起，并获得具有巨大社会影响力的非凡体验。他相信自己的人际关系网络能实现这一目标，并且只想介绍那些对他有意义的人。他说："我相信人们可以通过建立联盟而获得信任。"

盖格纳德是以一种相当有趣的方式开始他的这一新职业的。2011 年 8 月，他参加了一个名为"打开天窗说亮话"（Opening the Kimono）的活动，这个活动由畅销书作家蒂姆·费里斯主持，后者因其著作《每周工作 4 小时》[①]而声名鹊起。这个活动面向作家群体，每次收费一万美元。这一万美元值得花吗？事实上，非常值得。盖格纳德身边环绕着聪明的思想家和企业家，并且有机会见到了费里斯本人。他说："这打开了我的眼界，让我意识到，如果你是房间里最聪明的那个人，那么你待错了房间。这个发现让我完全不能自已。"

2013 年 5 月，盖格纳德邀请费里斯来加拿大演讲，这也成了 MastermindTalks 的第一场活动。盖格纳德付不起演讲嘉宾的费用，但因为他已经邀请到费里斯加盟，因此其他人欣然同意加入。通过这个联盟，他成功邀请了其他著名人物，如 TED 演讲人、畅销书作家、企业家瑞恩·霍乐迪和刘易斯·豪斯。他在 2011 年"打开天窗说亮话"活动上结识的另外五个人也慨然加入。盖格纳德说："第一次举办这个活动时，我自身并没有什么信誉可言，但蒂姆和瑞恩所拥有的可信度帮助我借势而起。"

事实上，有些成功助你一臂之力的人可能会让你大吃一惊。

---

① 译名参考湖南文艺出版社 2008 年 4 月中译版。——译者注

影响力的金字塔

我们都以为薪酬很高的高管，或是媒体曝光率很高的名人是应该认识的关键人物。但是如果你问他们中的大多数人，他们信任的人是谁，你可能根本就不认识他们提到的任何一个人。能够影响他们的人大多数十分低调。

超级连接者了解谁才是他们真正应该建立连接的人，即那些能够影响他人决策和想法的人。我们将这比作一个影响力的金字塔。在金字塔的顶端是你想要接触的人。大多数人的本能是设法爬到金字塔顶，并设法直接联系那个人。为什么要把时间浪费到旁人身上呢？哈，但真实情况是这样的：为了接近那个人，你必须首先走入金字塔的下层，接触那些拥有影响力的人，因为他们可以自由地接触到金字塔顶的人。他们可能是对方的配偶，也可能是对方的助理。

设想一下，你希望见理查德·布兰森，而他不大可能有兴趣见你。并不是因为你一无是处，而是因为每天要求见他的人很多。因此，你应该做的是设法和他下面的某个人建立联系，而不是直接去找他本人。

基思·法拉奇在一篇被广泛阅读的博客文章中曾承认他遇到过同样的问题。这篇博文名为"我如何不用排队就见到了希拉里·克林顿"，文章在 2015 年 5 月 1 日发表在领英上。他们的这次会面发生在 20 世纪 90 年代，当时希拉里是第一夫人，而法拉奇是喜达屋酒店的首席营销官。他去参加了一个活动，希拉里是那次活动的主旨演讲人，活动后，会场里挤满了想见她的人。

当众人大声叫嚷，以吸引希拉里注意的时候，法拉奇注意到有一位女士站在一旁，并经常直接和希拉里说话。啊哈！她并不是一个偶然对第一夫人耳语的女人，她是希拉里的行政助理，他称她为"凯莉"。于是，法拉奇开始和她聊天，了解她的生活和家人。当他得知她正在度假时，他免费为她提供了一个住宿升级。

他说："从很小的时候起，我就清楚与那些管理重要人物生活的人保持热络关系的重要性，因此我们保持着联系。我会定期与凯莉联系，尽我所能提供帮助，并且我从没要求她帮我从她老板那里寻求帮助，因为那时我还没有和第一夫人建立友谊，而是和那个掌握着她大部分日程和时间的女人保持着友谊。"

当希拉里和凯莉途经法拉奇居住的南加州时，他主动提出，在她们有空时（当然她们肯定没有），为其介绍一些她们可能感兴趣或需要的关系。最终，法拉奇被邀请参加了一个非公开活动，在那里他终于有机会面对面见到了希拉里。他给希拉里留下了极其深刻的印象，因此被邀请到白宫与克林顿夫妇共度他们在白宫的最后一个圣诞节。几年后，当他在克林顿全球倡议活动中再度遇到希拉里时，她对他记忆犹新，甚至问起他的孩子近况如何。

这个故事告诉我们，用法拉奇的话说："在发展人际关系时，最好不要只盯着你想结识的人，而是应观察他们周围的人。他们的员工不仅仅是'看门人'，通常还可能是终生的朋友。"他还表示："当你为与目标对象关系密切的人提供服务，并慷慨地对待他们时，你其实就是在为目标对象服务。无论是思想领袖、商业领袖，还是政界领袖，都需要强有力和忠诚的工作人员来帮助他们随时了解最新情况，而你所提供的任何帮助都会引起注意并产生涟漪。关键是要有耐心，并且要了解，你越是努力使自己成为目标对象下属的盟友和朋友，就越可能被视作团队的关键成员，并成为目标对象核心圈子的一员。"

当然，你可能现在并不需要去见第一夫人，但这一原则同样适用于其他人。下面我们把视角放低一些。

在一个小镇上，谁是了解几乎所有领域最新情况的人？通常他会是一个提供专业服务的人，如律师、会计师，或者是为团体组织或非营利机构提供专业服务的人。这样的人有很多，其中多数人会提供优质的服务。然而，最成功的律师和专业人士通常也会拥有非常强大的关系网，而且你在刚刚起步的时候，也更容易引起他们的注意。

假设你是一位顶级律师，而你成功的关键是要与镇上的商界保持密切联系。你需要经常与人见面。在通常情况下，如果你是镇上最有声望的人，并且被认为是自己所在行业的翘楚，那么你就是一个连接者。

这么说并不是建议你去见每一个你能联系到的会计师——但是他们中有少数人确实能够与几乎每个商业生态系统都有联系。

瑞恩居住在马萨诸塞州的昆西市，是波士顿附近的一个小城市。他希望在这里养育自己的孩子，并且打算在这里长住。他非常关心这个城市的繁荣，并认为现任政府在推进城市建设方面做得还不够快，因此他一直在寻找方法，更好地参与和支持这个他投入了巨大情感的城市的建设。

那么他是从哪里开始的呢？是从去市长办公室的一次请愿开始的——"通过寻找与我持有相同看法，并且希望改变昆西现状的一群人。"他说道。

他连接到的第一个人是一位律师，当时他们在波士顿市中心的一家酒吧里恰好坐在一起，于是便开始闲谈。

瑞恩问道："你住在哪里？"

对方回答："昆西。"

"嘿，我也是。你喜欢住在那里吗？"

"还不错，但我觉得他们需要赶上波士顿地区的其他地方，"她回答说，"我正在和一些人一起努力，希望能推动一些变化。"

嘭！他一下子找到了组织。他被邀请参加一个新任市长候选人的募捐活动，并开始寻找新的方式参与和支持变革，为建设自己所在的社区出力。

这并不需要什么魔法，只需一点点策略。

在这种情况下，谷歌将成为你最好的朋友。在领英平台，你可以找到关于某个人的几乎所有非保密信息（有时甚至连隐私信息都查得到）。这是我们查看谁和谁之间存在连接和研究某个人的首选之地。谁知道呢？也许你们拥有许多共同点。

送出持续产生价值的礼物

鲁林并非生来就是一位送礼大师，他是逐步学会这个本领的。他当时还是一个大学医科的学生，在餐具、厨房刀具和配件公司

Cutco 实习，学习销售技能。

一天，他注意到保罗，一个正和他约会的女孩的父亲，给客户送出了大量刀具，但他不仅把刀具寄给了客户，同时还寄给了他们的配偶和生意伙伴。鲁林回忆道："我当时想，'你居然给一帮成年男人送厨房刀具，这真是世界上最奇怪的事情'。保罗看到我脸上的表情，说道，'只要你能为某人的核心小圈子做点什么，其他生意上的事情将全都迎刃而解'。这时，我意识到保罗对建立关系的理解程度远远超过了我。"

因此，鲁林也开始如法炮制。他花 200 美元买了一套 Cutco 的肉类料理刀叉组，刻上他想求见的企业高管及其妻子的名字，然后作为礼物送给他们。随后，他成功地和这些首席执行官见了面。

提醒你一下，他当时年仅 22 岁。和他见面的首席执行官们个个身家上亿美元，他们本期待着见到一位白发高管，但相反，他们面前站着的是一个毛头小伙子。但他最终做成了买卖，并成为全国的销售冠军。鲁林意识到自己在送礼方面拥有天赋，于是他决定从医学院退学，并开了一家礼品公司。他很快就成为一位在营销和关系建设方面广受欢迎的演讲大师。

知道如何以及何时送礼物和知道送什么礼物同样重要。

大多数人会在节日期间赠送礼物，比如在感恩节或圣诞节，而通常的礼物会是一瓶葡萄酒或一个果篮，但鲁林并不满足于这种俗套。他说："我不会在感恩节和圣诞节期间花一分钱，因为这是必须送礼的时间。如果你想与某人建立连接，那么你应该送出惊喜才行。我们将这个称为'精心设计的随意为之'。"

他非常重视他的"精心设计的随意为之"。事实上，他拿出公司利润的 5%~10% 投入人际关系维护中。从人群中脱颖而出并表现出色，你会受到关注。这并不是说，你送的礼物比其他人在"正常"送礼期所送的东西都好，而是因为你与人们的惯性思维逆向而行从而带给他们惊喜。

这正是他脱颖而出的原因。鲁林并没有送出毫无特色的葡萄酒，或一套普通的刀具，而是在刀具上刻上了客户及其妻子的名字。他并没有刻上自己公司的名字。"我从来没有刻上过我们公司的名称或品牌标志，"他说，"否则，礼物就变成了一种促销品，不会有人拿它当回事儿。大多数人会把礼物和营销工具混为一谈，但作为礼物，最重要的是要考虑接受者的感受，而不是你的感受。"

他不会送任何消耗品，除非是作为其他东西的搭配。这么做的理由？他说："如果 15 年后他们还会想起我，那我就赢了。能让人们第一时间就想起你非常重要。多数人试图借助那些转瞬即逝的东西来让别人记住自己，我们则希望给他人送一些他们 30 年后还能使用的东西。礼物的实用性同样十分重要，人们因为使用礼物而产生的感激心理非常强大。大多数人的基因中都深藏着有恩必报的压力，因此即使过了十年，人们仍然会接我的电话，因为礼物种下的关系种子会深深扎根，而不会随风飘散。"

他不仅会送出个性化的礼物，而且还会向那些根本没期待得到礼物的人送出礼物，例如首席执行官的助理。他说："如果有人送我的礼物我能转给我的妻子，那么他们已经成功地吸引了我，而如果他们能让我在妻子和助手面前显得很酷，那他们送礼的目的已经达到了。人们没有意识到目标对象周围的人，或是决策者下面两级的人，才是最重要的人。"这些人应该是我们所说的影响力金字塔的顶端人物。

吹雪机效应

只要有可能，我们都会努力成为"令人既惊且喜"的人（我们喜欢把它视作"震惊和敬畏"更亲切和更温和的版本）。我们经常，完全随机性地，通过一个完全出乎意料的举动给某位社群成员带来惊喜。我们可能会送一本书给他们，知道这本书会对他们正在进行的某个项目有所帮助。我们也可能会给有段时间没联系的人留一段鼓励的话，没有别的目的，只是为了保持联系。

这样做是出于三个目的：它让对方知道还有人在想着他们，而这会让他们感觉很好！其实，能让他人感觉良好这件事本身也会让我们感觉很好。同时，通过向对我们最重要的人提供意想不到的价值，我们得以和他们保持联系。每次你"惊喜"（在这里我们将其作为动词使用）了某人，你就成功地让对方牢牢记住了你。

史蒂夫·西姆斯对这一点深以为然。西姆斯回忆说，有位客户希望能够包场游玩迪士尼，而西姆斯的一位点头之交的朋友能帮他实现这一愿望。碰巧，这位点头之交非常渴望买一辆保时捷。

不幸的是，这位联系人的妻子否决了这个想法。在她看来，她丈夫最需要的就是一辆全新的保时捷了。因此，出生于伦敦东区，有着伦敦东区孩子街头智慧的西姆斯决定搞定这件事：他为这个人和他的妻子预订了一次独家保时捷试驾体验。正如西姆斯所期望的那样，这位妻子疯狂地爱上了保时捷，于是不再反对，而她的丈夫则欢欣鼓舞地买了保时捷。

"这次保时捷试驾体验花了我 950 美元，"西姆斯说，"我可以非常坦诚地告诉你，因为这个人的帮助，我的客户成功实现了迪士尼包场游，他为此支付的费用是这个价格的 10 倍。"

这是一场多赢的买卖。不仅他的客户非常满意，并因此向他支付了丰厚的报酬，他还被原本只是泛泛之交的那位联系人牢牢记住。西姆斯说："我已经深深地印在了他的脑海里。每次他们开保时捷时都会想起一个从伦敦来的人。"的确如此。

斯科特将这种现象称为"吹雪机效应"，这个词源自他 2015 年搬到新泽西郊区不久后的一次经历。如我们所知，斯科特是一个友善的人，认识的人很多。但搬到新泽西后，他意识到他不认识周围任何一个邻居。

随后，冬天来临，大雪一次次地覆盖了整个城市。斯科特尽职尽责地清理了自己家的车道，然后把两侧邻居家的车道也都清理了。不过，他并没有就此收手。到那天结束时，斯科特已经清除了多个街区上的邻居家的积雪。他成为镇上的英雄，同时也在所有居民心中牢牢占据了一席之地。他们既惊且喜地发现居然有人会想得这么周到。通过这件事，他不仅认识了整片街区的所有邻居，而且每当他和家人需要帮助时，邻居们总是第一时间伸出援手。

授人以渔……

你可能听到很多人说起过拥有一位导师多么有价值，但是你可能没有像超级连接者那样思考过这个问题。通过寻求帮助和指导，然后达到并超过导师的期望，你可以成倍地增加自己的社会资本。你的导师可以将你置于他们的树荫之下，把你引荐到他们的各种圈子里（从某种意义上说就像中坚人物所做的一样）。听听杰拉德·克莱恩内特的故事吧。

杰拉德可谓少年老成，在 15 岁的时候就开始创业。他承认，当他试图创建自己的第一家公司时，他犯下了"你能想到的每一个错误"。他认为他犯下的"最大罪过就是让自己被错误的人包围，并且找了一个糟糕的导师"。

一点没错，他发现自己当时的导师曾因华尔街证券欺诈而银铛入狱。还好，克莱恩内特并不是傻瓜。他很快意识到，和前白领诈骗犯混在一起没有出路，他应该与好人为伍。他尴尬地说："如果你想给自己找个导师，一定不要找一个坏蛋。"

不久后，当时 16 岁的杰拉德偶然读到《福布斯》杂志的一篇文章，题为《你所不知道的硅谷人脉最广的人》。这篇文章讲述了戴维·哈塞尔的故事，他是 15Five 的创始人兼首席执行官，那是一家总部设在旧金山的企业软件初创公司。克莱恩内特被深深地吸引住了，他说："戴维这个人以及他与其他人建立联系的方式给我留下深刻的印象，这倒不是因为所有人都想方设法和他待在一起，并愿意参加他举办的活动，而是因为戴维令这些人的生活发生了实实在在的变化。"

杰拉德心里十分清楚，戴维正是他渴望成为的那种人，因此他贸然直接给戴维发了一封情真意切的电子邮件，就是这么简单粗暴！嘭！经过几次邮件往来，克莱恩内特主动提出无偿为戴维工作，以换取他作为自己的导师。"16 岁的我能提供的唯一价值就是我的时间和精力，"他指出，"而我的提议让戴维毫不为难地就答应下来。"

克莱恩内特随后把这个角色塑造成为自己理想中的"梦幻实习"，并逐步从一个没有报酬的实习生变成了公司最初十名团队成员之一。他帮助开发了公司的对外销售系统，而在此之前，他花了两年时间尝试了公司里几乎所有不涉及编码和执行功能的工作。

故事并没有就此结束。在 15Five 工作期间，杰拉德还遇到了其他连接者，并学会了如何成为他们中的一员。例如，"我是在南佛罗里达州长大的，"他说，"有一个名叫埃本·帕根的人，是有史以来最顶尖的互联网营销者之一，在网上销售了价值 1 亿美元的信息产品，并帮助许多人完成了相同或相似的工作。"

有一次，埃本在距克莱恩内特的家乡只有一小时车程的迈阿密主持了一个颇有影响力的会议。

> 戴维参加了这次会议，而我赶去活动的鸡尾酒招待会上找戴维，在那里见到了埃本，并认识了其他几个人。几个月后，埃本在亚利桑那州的塞多纳举办了同样的活动，他亲切地邀请我参加那个活动，我自然愉快地答应了。
>
> 当我去塞多纳参加埃本的活动时，我又遇到了 50 个或上百

个超级连接者，因为埃本深谙此道。他不仅让自己的周围环绕着超级连接者，还向他们收取 6 000 美元的费用以参与他的活动，而每个人都心甘情愿地付出。我去参加了活动，在那里遇到了《纽约时报》畅销书作家尼尔·施特劳斯。

你可以想象发生了什么：克莱恩内特和施特劳斯成了朋友。通过施特劳斯在马里布举办的一次晚宴，克莱恩内特见到了克雷格·克莱门斯，后者是保健美容企业 Golden Hippo 的共同创始人，一位销售额超过 10 亿美元的销售大咖，曾投资给 Andela（一家非洲初创科技公司）、Snapchat（色拉布）和 Hyperloop One（美国超级高铁公司）等公司的天使投资人，以及"全球三大顶尖文案员之一"。

就这样，克莱恩内特逐步建立了一个由名人、畅销书作家、《财富》世界 500 强高管、职业运动员、国际音乐艺术家、好莱坞制片人和许多其他人组成的人脉网络，就是这么简单。

顺便说一句，克莱恩内特认为这不需要任何特殊的天赋。他说："与极有影响力的人建立有意义和真实的关系并不像人们想象的那么难。它不需要任何特殊技能或疯狂的想象力。我认为，只要你真诚相待并提供价值，一开始的几个关系就会像滚雪球一样不断发展，最终变成对你意义重大的人际网络。"

克莱恩内特的故事如此神奇，因此我们觉得值得听一听故事的另一面，即从戴维·哈塞尔的角度来看，为什么他会冒险给克莱恩内特这样的年轻人一个机会？

十分简单。"这个 16 岁的孩子给我留下了深刻的印象，他非常勇敢，用他自己的方式主动联系了我，"哈塞尔说，"他也非常清楚地表达了自己强烈的学习欲望，并且事先做足了功课，明确知道想要学习如何建立关系和如何开启自己的职业生涯。"

同时，克莱恩内特工作十分努力，全力以赴地实现自己的承诺，并建立起信任，而最后一点是最重要的。哈塞尔介绍给他的每个人都对他赞誉有加。

如果你给自己找到正确的导师，然后努力学习，超越期望，并且证明自己是可靠和值得信赖的，那么正确的导师通常都会尽其所能地提携你，因为你的成功就是他们的成功。

第六课

成功的连接者都是给予者

超级连接者都知道，他们最大的收获往往出现在他们最意想不到的时候，而把别人的需求放在第一位，往往会好心得好报，给他们带来十倍的益处。带着这样的洞察力，超级连接者们会慷慨地投入他们的时间和精力，从给予中获得快乐。他们真心实意地帮助他人，因为帮助他人也会令他们受益。

超级连接者关注的是深层次和高质量的关系，而不是那些基于"即时投资回报率"的关系。他们在一段人际交往中关注的不是"我能从你身上得到什么"，而是"我能为你做点什么"。

"106 英里"的联合创始人亚当·里夫金表示："大多数人在开始一段关系时都会问他们能从中得到什么，但实际上，他们更应该专注于他们能给予什么。""106 英里"是一个集会组织，致力于帮助科技领域的创业者相互学习。那些最成功的连接者都是给予者。根据里夫金的说法：

> 他们不遗余力地服务他人，并不求回报，而随着时间的推移，他们的所作所为将积累许多善意。我一个人一个人地建立起我的人脉网络。每天，我都试图为我人际网络中的某个人做点什么，而每周，我都试着结识一个新朋友并充分了解他的需求，以便知道未来如果有机会的话，我应该把他介绍给谁。你也许是向对方提供知识，也许是提供反馈，也许是提供一个联系人，但无论具体形式是什么，它的出发点都是：我必须付出。
>
> 你能做的最自私的事其实就是无私的付出，因为它一定会给你带来回报。我对此深信不疑。

基思·法拉奇指出，人们在人际关系上所犯的最大错误，就是认为人际关系必须立刻显现出互惠互利性。他说："人际关系总是会起起落落，当你处于高潮时，你身边的人可能正处于低谷。那么，你应该如何帮助那个人回到正轨，并且纯粹是出于让对方受益的目的？不要在想象中的记分板上记下：'我已经帮了史蒂夫15次，但他只帮过我8次，因此在他赶上来之前，我可不会再帮他了。'"

琳达·罗登博格则表示："人不能只是从财务公平的角度衡量一切。"琳达是奋进组织（Endeavor）的联合创始人兼首席执行官，这是一家致力于对全球成长型市场中拥有巨大潜力的创业者提供指导，并支持他们快速成长的组织。她指出："投资回报率的概念存在缺陷，因为你永远不知道做什么会带来回报。也许效果要五年后才会显现，但人们往往过早地开始衡量。那些抱着'我做这件事是为了学习，最终可能会一无所获'的态度行事的人，即那些并不关注投资回报率的人，往往会获得更多，而过分关注得失的人最终反而收获寥寥。"

我们中的许多人都熟悉预支善意的概念，而好心的确会带来好报：坚持做善事，那么好事就会降临到你身上。在超级连接者的圈子里，这被称为互惠定律（Law of Reciprocity）。

在社会心理学中，互惠原则是指，如果某人为你做了一件好事，你会觉得一定要为他也做点好事。也就是说，人们在收到恩惠、礼物或邀请后，都会很乐意在以后的日子里给予报答。

里夫金对他所说的"五分钟恩惠"的做法笃信不疑。它是指花上 5 分钟或更少的时间帮其他人一个小忙，为他们的生活增添一点价值。他说："在事业上和生活中尽我所能给予他人，这赋予了我生命的意义，并因此让我感到幸福，而我在这个世界上遇到的许多伟大的给予者都有着同样的信念。"

他最喜欢的"五分钟恩惠"都包括什么呢？例如：担任某一个人、某件产品或服务的推介者，或是在社交媒体上分享或转发某些内容，抑或是因为某件让你感激的事情亲手写一封感谢信。事实上，当他遇到新的朋友时，他首先想到的就是能为对方做些什么。他说："你也许能向对方提供知识，也许能提供反馈，也许能提供一个人际连接，无论具体形式是什么，它的出发点都是：我必须付出。"

讲一个好故事

迈克尔·埃尔斯伯格在准备撰写他的第二本书《价值百万美金的7堂人生经营课》^①时，并不认识所有想采访的人，包括5位白手起家的亿万富翁和大约50位白手起家的百万富翁，这些人都没有上过大学或完成大学学业，如肖恩·帕克^②或马特·穆伦维格^③。事实上，他在开始时几乎不认识任何他想采访的人，在出版界或作家圈子里也没有什么名气，因此他亟须找到与这些人联系起来的方法。

那么，他是如何约到采访对象的呢？通过和他人交谈。他说："我有一个新颖的话题，还有一个明确的观点和一个分享想法的好平台，因此，我直截了当地找人采访。采访后我会问他们，'你认识别的我应该采访的人吗？'"这样，他做的采访越多，联系的人也就越多。

这些人又是为什么愿意和他交谈呢？在某种程度上，这是因为他让对方觉得他是一个擅长讲故事的人，可以帮助他们与世界分享他们有趣的故事。他说："因此，这些人觉得向我敞开心扉并告诉我他们的故事非常安全，而且他们希望自己的故事被更多人知道。"他还为他们提供了一个平台，可以分享自己的经验。"我们都知道，社会上通常会对那些没有上过大学，或是没有大学学位的人存在偏见。这些人尽管已经取得了巨大的成功，但他们中的很多人在心里仍然

---

① 译名参考印刷工业出版社2013年2月中译版。——译者注
② 肖恩·帕克是音乐分享网站Napster和脸书的联合创始人。——译者注
③ 马特·穆伦维格创立了世界上最常使用的开源博客WordPress，2010年被评为全球30岁以下最具影响力的首席执行官之一。——译者注

存有一个小小的芥蒂，并且可能为此感到一点点的羞愧。而我让他们有机会重新梳理并讲述他们的整个故事，使其成为价值而非耻辱的来源，我认为他们会对这个机会感到兴奋。"

但同时，这里面也有联盟的力量在起作用。最初，他只能向人们推销他的概念。他和一家著名的出版社（企鹅出版社）谈好了一个书约，除此之外再没有什么值得一提了，但在做完五六次采访后，他就可以提起别的名字了："是的，我想把你的故事和 WordPress 的联合创始人马特·穆伦维格的故事放在一起。我想把你的故事和平克·弗洛伊德乐队的首席吉他手戴维·吉尔摩的故事放在一起。我想把你的故事放在脸书联合创始人肖恩·帕克的故事旁边。"埃尔斯伯格提供了一个双赢的局面：和世界上最有影响力的人一起分享他们的故事，这令人很难拒绝。

当你希望在博客、书刊或其他媒体上分享他人的故事时，正确的问题和高质量的平台会帮助你在目标对象面前脱颖而出。在你想要与他人建立联系时，建立或创建一个能与特定人群产生共鸣的平台会十分有益。

你最需要避免的就是成为互联网上的阿甘。也就是说，你不应该让自己的名字在网络上四面开花，而是需要精心选择目标。四年前，刘易斯·豪斯创办了"伟大学校"播客，这个播客源于他所写的一本非常受欢迎的畅销书，因此声誉是他经常思考的事情。他坦承，他最初开这个播客是出于"自私的原因"，是为了"从我想采访的那些聪明人身上获得我想知道的信息，并与世界分享这些信息，因为我觉得大多数人并不知道这些信息"。

随着时间的推移，他已经采访了数百人，和他们谈论了他们最关心的事情，并且帮助他们提升了网络知名度。他自己也从中受益良多，因为这些人反过来也促进了他的生意和他的著作的销售。

豪斯在他的播客中投入了大量的思考和精力。他深入研究了每位嘉宾的内心世界，所以他知道什么能触动他们，什么最让他们兴奋。他说："我对邀请上播客的嘉宾以及我们分享的信息非常挑剔。我对很多人说了不，因为我希望我所发布的，是我能做出的最高质量的内容，因为我发布的任何东西反映了我这个人。而且，如果只是大路货，人们根本不会去听、看或是读，所以我一直在追求最好的内容和最优的质量。这意味着我需要不断自我发展，掌握更好的技能和工具，以便更好地利用他人的信息，从而创造出最好的内容。"

豪斯的每次采访都是两个人面对面进行，而不是通过电话或通信应用。并且，在开始采访前，他会问受访者很多问题。

一个必问的问题是：有什么不能谈的吗？嘉宾们通常会说没有，然后他会问，把谈话顺其自然地带往任何方向都可以吗？他表示："这么做了之后，能量将发生改变，他们的态度也会完全不同，变成了'哦，好吧，要来真的了'。我可不想只做一场千篇一律的公关回应式的采访，这是我的采访，我要真正谈出点东西来。"

他通过不断建立联盟，结识方方面面令人难以置信的新朋友，获得他可以分享的可靠和高质量的内容，并且通过这样做持续积累自己的信誉，在网络上逐步塑造坚实可信的形象，从而吸引到适合自己职业目标的人群。

顺便说一句，在我们写这本书时，我们也曾经和很多人聊起过，其中很多人在一开始我们完全不认识。每次交谈之后，我们都会请我们的交谈对象推荐他们认为应该出现在书中的其他人，并把这些人介绍给我们。现在你手中所握的正是这些介绍的成果。

人际网络节点

每个好的连接者都需要恰好居于他 / 她的宇宙的中心。中心的位置可以让你从不同的视角看到和听到周围的一切，更通晓人情世故（从专业的角度），这能让你的价值成倍增长。因为你实际上已经成为一个人际网络节点，如果有人想走到另一边，必须通过你。这可是一个难得的好位置。

杰里米 · 菲昂谢是第一家专注于伯克利的风险投资基金 The House Fund 的创始人和管理合伙人。（虽然不想让你感觉郁闷，但我们还是想提一句，他还在伯克利上学的时候，就已经和朋友一起创办了五家组织。）

菲昂谢在 2014 年底从加州大学伯克利分校毕业。在他还是一名大一新生时，他四处为自己想创办的一家初创企业寻找资源，但是一无所获。这让他十分吃惊，毕竟，伯克利距离硅谷仅一步之遥。但很遗憾，什么资源都不存在。因此他决定，既然没有现成的资源，何不自己创造一个平台？他最终创立了凯罗斯学会（Kairos Society）伯克利分会，这是一个大学创业组织，目的是建立一个其他人正在寻找的社群。他说："我非常热衷于把人们聚在一起。"到他毕业时，他创办的这些组织已经推动了 50 家初创公司的成立，这些公司共筹集到超过 5 000 万美元的资金。

菲昂谢无疑是一个人际网络节点，因为别人在进行人际连接的时候都要通过他。他成功地弥合了大学和风险投资界之间的鸿沟。他说："我对研究其他人有浓厚的兴趣，也对学习不同领域的知识有着强烈的好奇心。"

> 令人吃惊的是，对愿意倾听和愿意帮助别人这么简单的事情，许多人并不习惯。我采取了积极主动的方式去了解创业圈或是对创业感兴趣的人，而很多人根本没做到这一点。
>
> 大多数人只会考虑他们面前的目标，而我试图从长远的角度来看待人际关系。这与风险投资的理念十分契合，因为你需要一段时间才能看到一家初创公司是否能够成功。有些人可能会在许多年后才能对你有所帮助，我认为你需要在正确的时间打通正确的连接。

要想成为一个更加慷慨的人，并最终成为一个习惯于慷慨的人，只能通过不断地实践。每天为自己设定一个承诺，比大多数人多走一小步。例如，如果有人应你要求和你一起喝了次咖啡，请给他们亲手写一张感谢卡，或是送一张 5 美元的礼品卡支付他们下一杯咖啡的费用，而不只是发一封简短的电子邮件。

长期坚持这样的小小善举可以帮助你创造出更大和更鼓舞人心的时刻，就像鲁林和其他人所做的那样。但就今天而言，越简单越好。你要先学会走，才能最终跑起来。

第七课

如何与他人开展无障碍讨论

连接者在进行沟通时会非常具体。他们不会漫无目的地闲谈，而是将思辨性的思考与有的放矢的开口和聆听相结合，以便快速了解对方。他们的目标是超越肤浅的表面，借助真实的语境建立更深层次的关系，同时评估自己如何增加双方的价值。这意味着他们必须专注倾听，提出正确的问题，事先进行分析和规划，并提出更多的问题。

连接者的目标是通过交谈、研究、观察周边环境和借助第三方，尽可能多地了解对方所处的语境。语境非常重要，因为它可以帮助你更全面地了解一个人的情况，并帮助你明确下一步的行动，以免盲目行事。

最好的超级连接者可以通过交谈发现某次谈话的语境、数据和独特之处。他们在谈话中就像福尔摩斯一样，层层剥开行话术语和语焉不详或相互矛盾的地方，以确定可以通过适当的连接或资源激发出来的真正价值。以乔恩·利维为例，他想过一种非同寻常的生活，他知道自己应通过某种方式实现这一目标，但不知道该怎样做。

在意识到这一点的时候，他已经 28 岁，身为一名中层管理者，生活安逸舒适，但他感觉自己没有任何值得一提的成就。后来，他参加了一个由"里程碑教育"举办的名为"智慧无限"的个人成功研讨会，并在那里获得顿悟。现年 36 岁的利维回忆说："我坐在那里，听到小组领导者说，'定义你生活质量的基本因素是你身边的人，以及你与他们谈话的内容'。这句话简直说到我的心坎里了。我们所有人都知道这千真万确，但很少有人在生活里遵从这一原则，我们根本不会选择管理身边的人。于是我问自己，'应该做些什么来管理自己周围的人呢？'"

他开始观察那些拥有巨大影响力的人的行为，并试图了解他们如何与陌生人交往。他决定不走寻常路。他说："我坚信，如果你想与人建立连接，最有效的方法之一就是与他们一起完成一项任务，因为这时你们拥有一个共同的目标。那么，我可以通过创造出一个东西，像纽带一样把人们紧密连接在一起，这个东西应该能够滋养他们，并且不是寻常之物。"

在他居住的纽约市，这个东西可以是……烹饪。于是，他会邀请一群陌生人到他家一起做一顿饭。他会买好食材，客人会和他们从未见过的人结对，共同完成一项烹饪任务，然后一起分享美食，在这个过程中，大家自然而然地就开始交谈。

没有人知道其他人做什么工作，在活动结束前，他们也不可以讨论彼此的工作。这样，他们就必须单纯将对方视为一个人来了解，没有人会考虑"他们应该认识屋里的哪个大人物"或是"头衔"这样的事，也不会有人介意每次都是做同样一餐简单的饭。他不断地把不同的人分配到一组，共同完成补救性任务，以便让他们把注意力集中在谈话上。（他甚至非常明智地提醒客人在离开前帮他把屋子收拾干净。）

这是一个天才的想法，但在他摆好餐具请人入座之前，首先要克服一个障碍：他实际上并不认识他想邀请的人。他想邀请诺贝尔奖获得者、奥运选手，还有企业高管来参与这个有趣的活动，但他们根本不在（至少在当时还不在）他的核心人际圈子里。

不过，为什么要让一个纯技术性的障碍阻挡自己呢？他每周都花大约 30 个小时在这个项目上，不断规划和组织，并且研究可能邀请到的客人。然后，他开始和他们进行沟通。

他整理了一份数百人的名单，从中确定了 12 个人，包括意见领袖、艺术家、媒体大佬，然后向他们发出邀请。这些人中的大部分在他的核心人际圈子里。他的第一次晚宴在 2009 年得以成功举办。经过 7 年时间和超过 100 次晚宴，利维——他自称为"人类行为科学家"，并且撰写了《凌晨两点法则》一书——现在每个月在纽约、旧金山和洛杉矶举办两次晚餐会。他表示，为了补充客人的名单，"我请人帮忙推荐，并且不断地从我见到的人那里收集姓名和联系方式"。

因为他的客人们通过"烹饪"这个共同的活动而产生紧密的连接，他们建立的不仅仅是商业关系，也包括朋友关系。而比这更好的是，他们都变成了他的朋友。

《福布斯》杂志听说了他的故事，于是主动联系他撰写了一篇文章。《纽约时报》紧随其后，其他媒体也纷纷打来电话。这让他能够更加自信地给自己想认识的人发邮件。当他想推销自己的书时，他的一位极具影响力的朋友把他介绍给了一个明星经纪人，而后者很快就把他的书销售一空。他现在正在与一家制作公司谈判，该公司希望购买版权，并制作有关他的社群成员的电视节目，这一切都源于他拥有的人际关系。

显然，这一切都不是巧合；他创造了自己的人际网络，并且仍然在不断打造它。他把潜在交往对象的名字提供给行业领袖，以征求他们的意见，从而帮助他完成筛选。

内向者的人际交往

你可能会认为，多数伟大的连接者天生外向，是喜欢社交、热爱聚会的人。事实上，有很多证据表明，情况恰恰相反。

即使你并不是天生幽默感爆棚也无须害怕。据一些人的估计，内向者占美国人口的 1/3~1/2。他们中的很多人都是一流的超级连接者。每个人都需要学习如何交谈，不管他们是内向型的人还是外向型的人。目标本身不会改变，但实现目标的策略会改变。内向的超级连接者不会刻意隐藏，他们只是按照自己的个性行事。他们会找出最适合自己的方法，然后将其发挥至极致。你需要发挥自己的优势。

A 型性格的人，比如像斯科特这样毫不怯场、喜欢与他人交往和结识新朋友的人，可以很自然地走到别人面前并开始一段谈话，而瑞恩则会觉得这样做颇具挑战性。

所以，瑞恩会把一小群人聚在一起。在我们一年一度的 YEC 企业家滑雪假期，他特别注意做到和每一个参加活动的会员一起乘缆车上山。他说："这是我远离大部队，和会员进行一对一交谈的机会。在那次短暂的返回山顶的旅程中，我对交谈对象的了解比整个周末其他时间加起来都要多。"

他采取的另一个办法是在面对面会见某个人之前，先在网上和对方建立联系，就像丹·沙贝尔所做的那样。瑞恩最亲密的几个同事是他 20 岁出头在撰写"雇员进化"博客的时候结识的。他们中的许多人也很内向，博客给他们提供了一个可以分享自己想法的地方，无论这些想法有多么离经叛道，他们都不会像在现实生活中把同样疯狂的想法讲给别人听那样感到焦虑。瑞恩说道："这些人成为我职业生涯中最亲密的同事和我终生的朋友，每次当我们要在'社群公司'中发起一个新的社群时，我都会求助他们。"

苏珊·凯恩曾经是一位律师，后来撰写了革命性的《内向性格的竞争力》①一书，这本书讲述了内向型的人的力量所在。根据凯恩的理论，瑞恩表现得恰如其分。凯恩是从她的个人经历中找到这一

---

① 译名参照中信出版社 2016 年 8 月中译版。——译者注

主题的，她自认为是一个内向的人，并且知道自己并不符合传统文化中的理想性格。她说："我一直很清楚，我们的社会结构是为那些性格外向的人建立的，而内向的人在公共场合则被要求戴上外向的面具。然后你会觉得，'哦，好吧，回家再做你真正的自己'。"

凯恩已经彻底忘记了"关系网"的概念，而是四处寻找自己的同类。她说道："你会知道你什么时候找到了那些人。当你遇到一个人，然后觉得'哦，是的，我完全理解她，而她也完全理解我，我真心想帮助她'，或者'我们的观点完全一致'。这时候，你就会知道你遇到了同类。"

凯恩建议人们给自己设定一个非正式的配额，在某个活动上，一旦遇到了一两个志同道合的人，你就可以离开活动，回到酒店房间里安静地独处。"但一定要记着培养和这些人的关系，并和他们保持真正的联系。"她表示，"这样做比进行一连串的尴聊更有价值。"

凯恩的父亲是一名医生和医学院的教授，她的祖父是一名拉比，他们非常信任那些不事张扬、不喜欢夸夸其谈的人。因为家庭的影响，她相信内向的人"拥有巨大的力量，能为世界做出很大贡献"。

内向者往往是喜欢进行深刻反思的思考者，擅长创造性的东西。我并不认为这是因为他们拥有某种神秘的创造力基因，相反，我认为创造力实际上需要独处的时间，而内向的人擅长于此。

我的人生哲学是，不管你怎么说，人们都能感受到你对他们的真实想法。它会以无数种方式传递出去，我认为我们对其中绝大多数一无所知。所以，如果你真诚地与人合作，并切实关心他们，不管你当时是否和他们有联系，他们都会感受得到。

有些人不确定自己是内向型还是外向型。凯恩有一个测试，你可以在她的网站 quietrev.com 上做一下测试。它真的很有价值，因为拥有自知之明非常关键，知道你到底是什么样的人真的很重要。她问了下面的问题：

> 你认为美好的一天意味着泡咖啡馆，还是来个长距离散步？或者约一个亲密的朋友见面（这可能是内向型的人更倾向的做法）？或者，和好久不见的大学好友组织一场重聚？通过回答这些问题，你很快就能看出些什么。然后再问自己，假设我有一整个星期的空余时间，没有任何必须要做的事，我会如何度过这一周呢？思考这个问题，你会更清楚地知道自己是怎样的人。这个练习的重点是要意识到你做的事中有多少是出于社会义务，而不是自己真正的喜好，这样有助于你更好地了解自己。

还有许多其他的在线测试能帮助你完成这个判断过程。我们最喜欢的一个测试来自《哈佛商业评论》①。

---

① https://hbr.org/2015/06/quick-yourself-lead with-emotional intelligence

弱联系的价值

亚当·里夫金也是一个内向的人，是 PandaWhale 的首席执行官兼联合创始人。PandaWhale 是一家互联网服务公司，可帮助用户使用、保存和管理在网络和社交网站上搜索到的内容。沃顿商学院的教授兼畅销书作家亚当·格兰特称里夫金为"硅谷的凯文·贝肯 ①"。

里夫金建立成功关系的方法之一是与他认识的人重新建立联系，而不是忙于建立新的关系。这些半熟脸毫无例外地总是会比素未谋面的人更容易接受你。他说："我在建立关系时总是一点一点地来。"里夫金还与人合作创办了"106 英里"，一个致力于帮助科技领域的创业者相互学习的组织。他表示："通过与某人重新建立联系，你可以了解他们这段时间一直在做什么，以及他们期待些什么，这可以让你通过寻找机会来帮助他们建立更深层次的关系。"

假设你们在大学时曾一起加入过兄弟会，或是 15 年前曾经在同一家公司共事过。如果你主动联系，友好地问一句："你最近在忙什么?"或"最近过得怎么样?"没人会觉得奇怪，特别是在今天这个人人相互联系的大环境里。很可能，他们将怀着同样的兴趣想听听你最近一直在做什么。更重要的是：你永远不知道重新点燃这些关系会给你带来什么。

---

① 凯文·贝肯是美国著名影星，代表作有《刺杀肯尼迪》《阿波罗 13 号》等，在美国是交际广泛的代名词。著名的贝肯数指的就是你与世界上任何一个人产生连接中间所需引荐的人数。——编者注

格兰特将这种关系称为"休眠关系"。大多数人更愿意接触他们已经认识的人，而不是完全陌生的人。这是一个自然的起点，而且随着时间的推移将产生相同的最终结果：新的朋友。你将与此前既有的人际网络再次建立联盟和密切联系，而这将推动你不断前进。

斯坦福大学教授兼社会学家马克·格兰诺维特在 1973 年的一项研究中指出，人们通过弱联系获得一份新工作的可能性高达 58%，而通过更传统的方式，比如通过职位列表或招聘专员获得新工作的可能性只有 19%。

亚当·格兰特在他 2013 年 6 月发表在领英上的一篇文章中探讨了这一点是如何实现的，那篇文章的题目是《在你的人脉网络中发现隐藏的价值》。他指出，合乎逻辑的答案是，我们所拥有的弱联系远远多于强关系，因此弱联系提供帮助的可能性更大。但还有另一种解释："强关系往往会给我们提供冗余的信息。"他在文中指出："我们最亲密的联系人认识的人往往我们也认识，掌握的信息我们同样掌握。而弱联系则不同，他们的交往圈子不同于我们，了解不同的事情，因此他们可以为我们提供更有效的获取新信息的途径。"我们中的大多数人都愿意与具有相似观点和见解的人来往，因此我们不会学到任何新的东西。

问题是，大多数人并不愿意主动联系陌生人并寻求帮助。不过，格兰特意识到还有第三种类型的关系："休眠关系"，即那些你以前认识的人，这些人你可能已经多年没有说过话。格兰特说，他们可能是一个童年的邻居、一个大学室友，或者是你第一份工作的同事。这些人肯定已经结识了一些能够介绍给你的朋友。既然你们曾有过共同的经历，那么你们比纯粹的点头之交会更近一步（或是三步）。

当然，并不是每一个你曾经遇到过的人都值得重拾旧谊，但他们中的很多确实值得你找回，而且这些人可能也会渴望与你交谈，因为你们之间已经有了内在联系，即你们曾经拥有的共同经历。这是一种语境。

里夫金是他所谓"前五封电子邮件"规则的坚定信徒。他问道："如果你明天丢了工作，除了你的父母，你的前五封邮件会发给谁？在你过去认识的人中，谁是你最想投入时间拉进你现在生活的人？"

这就是现在拥有数千名会员的"106英里"背后的逻辑。会员们每个月会参加一两次社交活动，活动中并没有演讲嘉宾，"相反，会员们只是互相聊天，谈论他们正在做的事情，互相提问和互相学习"。他介绍说。

虽然重新建立联系也可以通过电子邮件或社交媒体在网上完成，但里夫金认为，两个人面对面的谈话更有效。（我们对此深表同意，尽管我们的人际网络中有很多人我们从未见过面，但他们也是我们非常宝贵和重要的资产。）

格兰特最终在他的日历上添加了一个提醒，提示自己每个月至少重新激活一段"休眠关系"（大多数人在领英上很容易就能找到）。他表示，你可以借助任何理由，例如：打电话祝某人生日快乐，或是在拜访某个老朋友定居的城市时主动联系。"要让人们知道，他们在你的生活里真的很重要，你怀念和他们共度的时光，并且很想重新建立连接。"他说道。

但他并不是向这些老朋友寻求帮助，"我一直在寻找帮助他们的方法，有时通过分享知识来帮助他们，有时通过为他们介绍新朋友来帮助他们。"他指出，"根据我的经验，重新激活旧日的联系已经成为意义和幸福的源泉，就像翻修一座老房子一样，这会给我们带来新与旧交融的好处。我们的休眠关系可以帮助我们找回曾经的自我中最令我们珍视的特质，同时为我们未来的自我打开新的大门。"

语境，语境，还是语境

要想成功地建立连接，你必须首先全面了解将与你交谈的那个人。你需要确定他到底是一个怎样的人，还需要确定他们只是一个"还不错"的人，还是一个"极其出色"的人，是不是让你想在未来多年里投入大量时间和精力重点维护的人。

大多数人认为生活只有黑白两色，但连接者更感兴趣的则是灰色区域，即那些令我们成为独特个体的微妙差别。对方喜好和厌恶的东西，也就是那些你在他们的脸书或是领英的个人资料中看不到的东西是什么？如果有人对你说，"我喜欢芦笋"，正确的回答不是"太棒了！"而应该是"为什么？是什么让这些瘦瘦的小绿杆如此吸引你？"

在任何谈话中，你的目标都应该是超越表面，去了解其背后的语境，找出对方一些不同寻常、可以帮助你日后记住他们的地方。你是水下呼吸世界纪录的保持者？太神奇了！你是怎么做到的？

超级连接者会仔细掂量其他人的身份和处境，但并不是因为他们觉得自己在道德上更优越，也不是为了避免给别人介绍远远超出他们身家或职位的人（例如，把一位业内新兵介绍给行业巨擘），而是因为他们需要知道这些信息。你需要把所有信息都记在脑中，弄清楚对方是一个怎样的人，他正在寻找什么。你需要锦囊里的所有信息，以便能够采取相应的行动。

以我们之前提到过的史蒂夫·西姆斯为例，如果你还记得的话，西姆斯是一位"超级礼宾员"，他就是那个能搞定一切的人。无论你是想觐见教皇，还是去参加奥斯卡典礼，或是想乘坐私人潜艇去参观泰坦尼克号，他都是你应该找的人。很显然，他的工作完全离不开人际关系，即：认识并且记住需要的人。这意味着他需要知道对方在忙什么，并且真正关心对方。只是简单问一句他们正在干什么并不够，还应该好奇：你到底在忙些什么？你的业余爱好是什么？你感兴趣的是什么？你的关注点是什么？西姆斯说："我的整个业务都是基于在特定的场合中取得最佳结果，让人们乐于接受我想要的结果，并因此也为他们带来益处。我非常坚定地相信人际关系，但不是'拉关系'。"

对西姆斯来说，建立人际关系就像种菜。"你需要滋养它们，"他说道，"精心培育，并且不断付出努力。如果我想和你建立联系，我唯一能做的是了解你的好恶，知道什么会促使你采取行动。这样，我就可以了解能够打动你的方方面面。'你在空闲时间会做什么？你会去什么地方？哦，你喜欢赛车吗？哪种车？'当你们开始进入这样的谈话，一切都会顺其而然。"

并非每一次谈话都会让生活发生翻天覆地的改变，你也不必做到和你遇到的每一个人在每一个问题上都达成一致。斯科特的一些最亲密的朋友与他有着截然不同的政治观点。但那又怎样呢？你们不需要在每一点上都步调一致。即使你是一个共和党人，而和你谈话的是一个坚定的民主党人，这也无所谓，重要的是你们俩对于正在谈论的那件事的立场，即你们所处的语境。

假设你在某一个聚会上初次遇到某人，并且注意到他们喝的是口哨猪（WhistlePig）15 年威士忌，你发现，波旁威士忌是他们最喜欢的酒品。这是一个很好的细节，在日后很可能会派上用场。现在你知道了这个人的一个爱好，而这并没有列入他领英账户的个人资料中。这是一个具体的信息。西姆斯说："你要了解有关这个人的信息，建立你自己独有的有关这个人的语境和资料，从而构建你自己的专属信息库。"

为了填充他的信息库，每次遇到新人之后，西姆斯都会简单记下他了解到的各种有趣的事实。顺便说一句，他做这些的时候并没有使用某个极其复杂的客户关系管理（CRM）软件，而是在他通讯簿的"备注"栏完成的！举个例子：

约瑟夫·布卢塞普：

- 在 SXSW（西南偏南音乐节）的 Mashable 屋顶酒吧活动上见过面。
- 喜欢口哨猪威士忌、鲍勃·迪伦、F1。
- 有一对双胞胎儿子。
- 从事卡波埃拉运动。
- 在芝加哥长大。
- 目前正在读加西亚·马尔克斯的书。

西姆斯指出："说起自己渴望和热爱的东西以及自己的爱好，人们谈上一整天都不会厌烦。"

总的来说，西姆斯每次都能满载而归，但也有少数时候会出师不利，碰上一些他完全撬不开嘴的人。你能猜猜在这种情况下他会做什么吗？他会在 45 秒之后终止谈话。没错：他会和他们礼貌地握手，然后离开。他说："你并不需要很长时间就可以感受到无聊得要命。"（顺便说一下，45 秒钟远比你想象的要长。西姆斯把它和 90 秒钟一局的跆拳道比赛做了类比。他说："和我打一场跆拳道比赛，然后你就会体会到这样一局血淋淋的比赛是不是很漫长了。"）

在我们的"社群公司"，我们针对所有潜在雇员都会做类似的信息搜集工作。瑞恩会进行最后一轮面试，但并不是大多数人力资源经理所做的典型问答。瑞恩对应聘者拥有什么技能不感兴趣，因为那是最容易的部分，我们的团队有非常细致的方法来衡量应聘者的技能。当他们进入瑞恩的面试环节时，他们已经受过严格的筛选。瑞恩是来考察大多数人力资源经理都不会了解的其他信息的。

他说："我会提一些'自由式'的问题来了解他们是一个怎样的人：'你喜欢什么？更重要的是，你不喜欢什么？你在工作之余会做哪些事，从而证明你是什么样的人？你认为为我们公司工作将如何增强你的这种身份特质？你和什么样的人保持亲密的关系？'我之所以问这些问题，是因为这有助于我了解他们是否契合，或到底有多契合我们的企业文化；我们的管理层应如何支持他们发展；最能激励他们的因素是什么。"

我们的一位经理曾说过，这是她参加过的"最酷也最奇怪的面试",但她在离开时觉得"这就是我想来的地方"。(我们确实雇用了她。)

当我们谈论语境时,我们不仅仅是在寻找有关这个人的语境,还包括环绕着他的语境,即除他所说的话之外,他周边的环境线索。假设你在一个豪华的鸡尾酒会上遇见了某人,那么,是谁把他带到那里的?他们之间的关系是什么?他们在喝什么?他们衣着如何?有些提示非常有用,有些则不那么有用。但这些信息有助于你全面描绘这个人,或是帮助你与之前曾遇到过的某人重新开始交谈。

在今天这个时代,大多数人不会连个移动设备也不带就走出家门,所以像史蒂夫·西姆斯那样在交谈过后立刻记一些笔记会非常简单。

重新定义闲谈

既然你已经了解到有关某人的一些背景,接下来你将面临第二项挑战:你如何以一种有意义的方式与他交谈?你如何知道接下来要问哪些问题,或者什么是最佳的追问?你如何磨炼自己的聆听技巧,以确保听懂谈话内容和相应的语境?最后,你在做到这一切的同时要积极思考,你认识谁或知道什么能提供帮助或答案?要做到这些,你需要把日常"闲谈"变成"带语境的交谈"。

闲谈推动世界运转。如果没有闲谈,你怎么能知道和你谈话的人是喜欢凉爽还是温暖的天气,或者他们喜欢《捉鬼敢死队》而不是《疯狂高尔夫》?闲谈得以存在的主要原因是为了让彼此了解近况,打破僵局,并进行一场友好和愉快的谈话。当没什么可聊的时候,你就从自己的魔术帽中掏出几块宝石，即一些人人都有话可说的话题（比如上面所说的《捉鬼敢死队》）。最重要的是，闲谈是令人愉快的。

因此，也难怪大多数人都会选择安全和轻松的方式，因为他们不知道该问什么样的问题，也不知道该如何以尊重他人的方式探究真正的需要。

但连接者不会！连接者从不会把时间浪费在无意义的闲谈中，他们从来不会为了交谈而交谈，而是带有一个明确的目标：提取有关对方最有针对性和最相关的信息。连接者不会单纯为了消磨时间而随意闲谈，而是在不断探究，了解对方到底是一个怎样的人，并创造一个有关对方的语境，以便和他们日后交往。

每当我们和一个新认识的人交谈时，我们不会在和对方分开后只想到："真是一场愉快的交谈。"相反，我们脑海中想的是："就算你现在无求于我，我怎样才能为你提供战略价值呢？"

后一点很重要，因为你永远不知道什么时候会有人向你提出请求，以及你将如何帮助他们。好吧，也许你会说，跟与自己地位相近的人交谈是一回事，但如果遇到的是一位高级官员该怎么办？怎样才能在与他们交谈时不会感觉不知所措和充满恐惧呢？

这是一个很好的问题，我们在刚开始的时候也因此和自己做过激烈斗争。我们见过许多大人物，从《财富》500强企业的首席执行官到美国总统，这确实令人望而生畏，甚至充满恐惧。

但最终，他们也只是个"人"而已。当然，他们可能比你更有钱或更有权，但他们也都经历过婴儿学步，小学五年，高中毕业，并且也都犯过错。你需要放下高管的头衔、社交媒体粉丝数，以及所有其他装饰，即使你正在和总统交谈。你应该找到他们的核心，假装他们和你的父母没什么两样，因为这就是实情。

还记得那个老的比喻吗？如果你对公开演讲充满恐惧，那么可以想象底下的观众全都是赤身裸体的。（这是某一集《脱线家族》里强调的。）我们的想法与此类似，如果你相信每个人在本质上别无二致，没有人比其他任何人更好或更差，那么每个人都是可以轻松应对的对象。除了少数例外，例如亿万富翁的孩子或皇室成员，即那些口中牢牢含着银汤匙出生和长大的人，其他大多数人的出身都是一样的。

斯科特的妻子塔娜是一个不可思议的天才纸张艺术家，是 Bohemian Bloom 的创始人，曾为百年珠宝品牌哈利·温斯顿和白宫设计过纸艺花卉作品，还为众多名人设计请柬。她的偶像之一是玛莎·斯图尔特[①]。不久前，塔娜有幸见到了后者，她下意识冲上前去：这可是她的偶像，大神玛莎·斯图尔特！但她同时也非常恐慌。她们该谈点什么呢？如果她说了蠢话或是只会张口结舌可怎么办？

她其实完全不必担心。玛莎·斯图尔特是一个真诚的人，对艺术家充满关切，她向塔娜询问了有关她工作的具体问题，她们的交谈亲切而自然，塔娜的焦虑完全消失了。一旦双方找到一个明显的

---

① 玛莎·斯图尔特是美国传奇女企业家，被称为家政女王。她出身于一个贫苦的波兰后裔家庭，白手起家创建以自己名字命名的家居用品企业，成为美国的家居用品大王。——译者注

共同点，即拥有共同的兴趣，交谈就会自然而然地进行下去。

如果你以粉丝的身份接近名人或公众人物，你就会被当作粉丝对待。他们会提高戒备，因为太多人想要从他们那里得到一些东西。所以，如果你把名人当作名人对待，你就应该做好只会进行一场简短和表面化交谈的准备，时间不会持续很长。但是如果你像对待一个真实的人（一个也需要吃饭、睡觉、上厕所的人）那样对待他们，你们开始一场真实和内容丰富的交流的可能性会大为增加。人们都希望像普通人一样被对待，即使他们不会公开承认这一点。大多数人都希望进行交谈，他们通常只是有点害怕。

如果塔娜把玛莎当作名人，而不是一位艺术界的前辈来对待，她们根本不会进行这样有意义的谈话。当她意识到家政女王也只是来自新泽西州纳特利的一位和蔼可亲的女士时，谈话变得流畅而轻松。最后，玛莎收下塔娜的一件艺术品，准备用来装饰她的书桌，那可是一项金钱买不到的人际资产。

作为一个练习（不管你以后是否真会这样做），你在结束一次交谈并离开时，应该能够立即根据你所了解到的多个信息将对方介绍给其他人，不过你必须以一种深思熟虑的方式来这样做。

错误的方式："嘿，杰克，你见过约翰吗？他很棒。"

正确的方式："嘿，杰克，你见过约翰吗？他在空闲时间练习跳舞，是一位非常有成就的艺术家，几周后就要参加下一场演出了。我们刚才正在讨论奶酪和葡萄酒的选择，你拥有一家餐馆，对此有什么建议吗？"

再次强调，你获得的背景信息不仅对你拓展关系有帮助，同时你使用它们的能力将令你的介绍更加人性化，再次确认你对他人的关心和你的聆听技巧，并为其他人展开下一轮成功的"语境对话"打下基础。这样做可以同时实现多个目标：它会更快和更有力地推进人际交往，同时它还会让你在他人心中成为一个"无所不知"的人。

第八课

好问题和坏问题

　　好的问题应该能够让人们愿意说得更多，并提供更多语境信息，因此好问题是开放式的，不应以"是"或"否"为答案。毕竟，你们是在进行交谈，而不是在做判断对错的游戏。好问题还应该是可以自然引发未来讨论的出发点，因而超级连接者会不断训练自己在谈话中的提问技巧。简而言之，好的问题能让人们持续谈论对他们来说至关重要的事情，而不只是出于礼貌进行一般意义上的闲谈。

　　当人们谈论他们需要的东西时，我们绞尽脑汁地思考有哪些人或哪些事能以某种方式提供帮助。我们努力探究，以便找到自然的契合点，从而使我们能够解决这个问题。

为什么"我能为你做些什么"是最糟糕的问题

　　超级连接者的工作是通过提问引导谈话。但是，你也不能用各种问题对他人狂轰滥炸，让他们觉得自己是在众议院非美活动调查委员会①做证。你应该从一些破冰的小问题开始，提一些能够鼓励聊天进行下去的问题。你需要让对方舒适地敞开心扉，不是去探讨他们在青春期所遭受的创伤，而是讨论他们目前的境遇。

　　我们曾经认为"我能为你做些什么"是一个很好的问题，它直截了当，重点突出，容易回答，尤其是大多数人都不知道如何寻求帮助。但我们错了！（我们之前是否提到过，谦逊是超级连接者最大的优点之一？）

　　"我能为你做些什么"绝对是一句非常蹩脚的流行语，很可能会让你在交谈对象眼中失去可信度，尤其是在你与对方建立关系的早期。事实上，这可能是你能问出来的最糟糕的问题。

　　为什么？因为"我能为你做些什么"这句话宽泛而指向不明，并且隐含着一个假设，即你已经知道对方结交你是因为你能提供帮助。最后，也许最重要的是，这句话在今天已经被太多博主和大师所信奉，让人感觉它已经成为一个陈腐恶心、试图抓人眼球的"营销策略"。它已经成为另一个初衷良好但被曲解和滥用的概念，就像

---

① 众议院非美活动调查委员会成立于1938年，当时也被称作戴斯特别委员会，目的是监察美国纳粹地下活动。1945年众议院将其改为常设委员会，因调查与共产主义活动有关的嫌疑个人、公共雇员和组织，调查不忠与颠覆行为而著名。——译者注

其他很多原本有效的平台或工具一样，人们找到一种方法将其转换成推销话术，用来指代"我先问一下我能帮你做点什么，这样我就能反过来向你要求帮助，而不会'看起来'太过唐突或是令人反感"，或是"这么做会让你觉得必须要问我同样的问题，否则你会感到很尴尬，而这正是我的真正意图"。

　　人类行为研究者瓦妮莎·范·爱德华兹对这句话拥有类似的看法，她说，和"你是做什么工作的"一样，"这是一句社交用语，我们的回答完全照本宣科。如果人们喜欢他们所做的事，他们会找到某种方式来告诉你。如果他们不喜欢，也会找到一种方式来回避，你对他们的了解将仅限于此。"

　　然而，爱德华兹发现，当她把问话换成"你最近正在忙什么"后，得到了令人吃惊的反应。当你问他人这个问题的时候，他们会像充了电一样亮起来。他们贴近她，明显变得生气勃勃。"你最近正在忙什么？"不仅听上去更像是一句随意的闲谈，它还让你处在掌控者的位置，倾听并发现你可以提供帮助的机会。她说："最有效的方式是找到一个大家都容易接受的切入点开始一场谈话。"

　　提醒一下：你不是来谈论你自己的，而是在试图了解对方是怎样的人。这并不意味着你只是不断向他们抛出问题，但这意味着你不能在那里高谈阔论你自己，以及你所取得的诸多成就。假以时日，你甚至不会意识到自己在这么做，一切会自然而然地发生。

　　再说一次，如果你的问题只收到了"是"或"不是"的答案，那么你就没有完成你的工作。

好问题的重要性何在

多数人都不擅长开口寻求帮助，即便最终张开了口，他们也无法清晰、简洁地表达他们需要什么。我们见过太多最终的要求和最初的说法完全不同的人。

在 YEC，我们收到许多合作请求。我们经常收到人们发来电子邮件说："我很想和 YEC 合作，让我们来谈谈应该如何开始吧。"

嗯，好吧。但这到底是什么意思？你是想让我们出钱赞助你的活动吗？还是想以折扣价格为我们提供服务？你想在哪方面和我们合作？你能不能给我们一点线索？通常，我们点击"删除"的速度比你说话的速度要快……

实际上，超级连接者总是试图解决一系列的难题，或者帮助人们穿越迷宫。正如我们已经讨论过的，超级连接者提出问题并有的放矢地交谈，以便搞清楚能对谈话对象有所帮助的语境和价值，因为他们知道，与他们交谈的人并不一定清楚自己真正需要什么或者什么最有帮助。

顺便说一下，他们的需求五花八门，可能是会对其生意或个人关系有所帮助的一个人际连接，或是洞察、知识、教育，或是供应商、工具和资源，而你作为超级连接者的工作就是想出自己的联系人中有谁可以满足这些不同的需求。

你提出的问题应该符合特定受众的需要。你的谈话对象是一个每一分钱都需要花在刀刃上的年轻创业者，还是一个多次创业、身家数百万美元的企业家？他们是高管还是中层管理人员？他们的风格是清晰简洁还是逻辑混乱、重点不清?

　　如果你们以前曾见过面,比如说,六个月前在一次商业活动上见过,那么提及这一点会有帮助。如果你可以告诉对方你们以前见过面,并迅速说出时间和地点,你会为双方关系的基础增加一层额外的信任。如果你能进一步说出对方在哪些方面给你留下深刻的印象,你将立刻赢得对方的信任。

　　这种类型的谈话内容会让你脱颖而出,创造并巩固良好的印象。(当然,你可能已经遇到过许多人,并且真的难以记起那些小细节。恰恰是因为此,创建一个有效的系统来帮助你记住关于联系人的主要特质十分重要。它不必是一个复杂的客户关系管理系统,例如,史蒂夫·西姆斯就只是在手机上简单地记下笔记。稍后我们将更深入地探讨这个问题。)

　　例如,"当我们在全美瓦匠协会(National Bricklayers Association)年会上见面时,你说准备扩建你的房子,现在进展如何了?"或是,"上次我们交谈时,你说你要去中国,那趟旅行中你最喜欢的部分是什么?"

　　顺便说一下,我们不认为这是马基雅维利式的权谋。我们并不是在试图蒙蔽任何人的眼睛,而是在真诚地帮助他们。我们把他们所说的话转化成数据,然后通过这些数据进行分析。

　　那么,如果你以前并没见过对方该怎么办? 理论上,你需要从头开始,一切都是新的。那么就大胆发问吧! 没有必要遮遮掩掩。

让数字人际联系更具人性化

作为连接者，如果你想和一个从未见过的人联系该怎么办呢？贸然直接联系是否合适？这完全没有问题，但你应遵从一定的礼仪，而在这么做的时候，既有很多正确的方式，也有错误的方式。

错误的方式我们都司空见惯并且感到无法忍受，包括：只关注自己利益的推销式信息，或是经过包装的推销式信息；参与现有网络讨论的目的只是为了表达自己的观点，而不是真正理解了原文所说的内容并做出更恰当的回应；使用市场推广或销售式话术，以便让自己听上去更专业或更聪明；或者，在毛遂自荐式的联系中最常见的一种做法是，在进行电话或面对面交谈的一开始，就立即要求与对方通过线下活动进行后续联系，试图迫使对方以你最喜欢的方式进行交往，而不是首先在当下正在进行且对方乐于参与的沟通方式上下功夫，以显示你的真诚和价值。

现在我们来谈谈正确的方式。

如何让毛遂自荐一举成功

你不一定总能面对面地碰上对你有价值的人，有时候，你可能不得不毛遂自荐，贸然给某人发电子邮件。这么做并不容易，我们很清楚，但你一定能做到这一点！

下面我们向你介绍杰拉德·克莱恩内特提出的一个循序渐进的指南，他是发送毛遂自荐式电子邮件的大师。如果你还记得，克莱恩内特主动给戴维·哈塞尔发了一封电子邮件，从而使后者成为自己的导师。他从毫无人脉可言，到后来被《今日美国》誉为"人脉最广的千禧一代"，并一步一个脚印地建立起一家提供全面咨询服务的公司。他的第一个客户是谁？是大名鼎鼎的基思·法拉奇，《纽约时报》畅销书作家，德勤和喜达屋酒店的前首席营销官，而克莱恩内特同样也是用毛遂自荐的方式给他发了一封电子邮件。

● **以一个抓人的主题行开始**。尽可能点明重点，或尽可能说出社会认同点。他发给基思·法拉奇的毛遂自荐邮件的主题是："18 岁，TEDx 演讲者，未来作家，希望能提供价值。"这个主题表明了克莱恩内特能为法拉奇提供什么，也表明了他作为 TEDx 演讲者和作家已经拥有一定的公众影响力。[①]

● **保持信息简洁**。一个快速的"你好，如此这般"已经足够。你可以用一句话说明你主动联系的具体原因以及你想如何帮助他们，你邮件的第一行应该是有关你能如何为他们提供价值。克莱恩内特说："你应该事先做好功课，知道他们现在正在做什么，而你可以在哪些方面帮助他们。你能做的最糟糕的事情就是问我能怎么帮你，因为这样会迫使对方去思考你在什么地方能帮得上忙，而他们根本不知道你是谁。你需要提前做好研究，并能够提供适时的帮助。"在联系法拉奇时，克莱恩内特十分清楚他想要什么：我希望帮助你宣传你即将出版的新书《别独自用餐（十周年修订珍藏版）》，我还希

[①] 当时，克莱恩内特已经与圣马丁出版社签订了第一本书的出版协议，而后他的书被 Axiom 商业图书奖评为"2015 年创业书籍第一名"，当时克莱恩内特年仅 19 岁。

望借助一家获得硅谷风投支持的初创企业的外向销售方法，帮助你发展演讲业务。

● **坦率直接地说出自己的目的和动机**。如果你想帮助某人，部分原因是由于你即将遇到类似情况，因而这将是一次很好的学习经历，那么请尽可能简短地说明这一点。将前两句严格限定在你会如何提供价值上，邮件的其余部分或者中间部分则应该说说你所拥有的社会认同点，换言之，你的观点是否曾被任何媒体平台引用过？

● **提供"社会认同"**。你是否曾与该行业中类似的人合作过或做过类似的事？你需要证明自己并不只是一个贸然联系他们的路人。

● **提供非常具体的行动要求**。直截了当、切中主题地提出要求："我们能在某天的某个时间简单打 15 分钟的电话吗？"克莱恩内特表示："我也喜欢给他们提供一些选择，从而可以避免诸如'这个时间我不行，但我在那个时间可以，你怎么样？'这样来来回回地沟通。我会说，'某天某个时间你方便吗？如果不方便，下面两个时间怎么样？'这就是我结束电子邮件的方式。当然，如果不是日程安排或会议要求，你需要提供其他明确的行动要求。"

● **拟定一目了然的电子邮件签名**。你应确保在签名中突出你的重要成就。克莱恩内特的签名是：企业家、获奖作家、TED 演说家。他指出："它还包括我被《今日美国》评为'人脉最广的千禧一代'，以及曾获得联合国'人类卫士奖'（Champion for Humanity）。如果你在聚会上大声说出这些，你会听起来像个只会吹牛的无耻之徒，但如果你把它们放在自己的电子邮件签名中则非常完美，因为签名档是电子邮件的组成部分，我们都知道它非常重要，但经常被忽视，而那是一个好地方，可以列出你的社会认同点，并且使邮件正文不那么冗长。"

有的人如果在三天内没有收到回复，通常会立刻发送一封跟进邮件。而克莱恩内特通常会在最初邮件发出一周后跟进一次，然后，在那之后四天再发出第三封，也是最后一封邮件。"我会简单地写上'跟进'或者'确认'。"克莱恩内特说，"如果我当时心情更轻松，我会在网上找一个 GIF 动图，并复制粘贴到我的电子邮件中。我觉得这样做非常有趣，在当今世界里，我看不出有什么理由闷闷不乐。生命短暂，我们比以往任何时候都更能够随心所欲地做生意。"

顺便说一下，他从不使用表情包。他讨厌表情包，"纯粹是因为我妈妈和奶奶在用它们"。这很公平，而且与我们的最后一点紧密相连。

● **与那些使用你所在平台语言的人进行连接**。我们不做营销或期待增长黑客式的粉丝增长，也不会四处分享我们的早餐都吃了什么。我们使用这些平台以数字方式制造碰撞，与我们未见过或不能见面的人建立联系，并将这些交流带入面对面沟通或更长久的私人数字对话中，最终产生与电子邮件或当面交谈相同的结果，形成语境下的交谈，以便有机会建立深厚的关系。

社交媒体

显然，你确实可能花几个小时在脸书上，只是为了努力提高自己在填字游戏"Words with Friends"里的得分。但是请比较一下，你是愿意在一个随意的交友活动中浪费时间，在那些活动上你根本不知道你在离开前是否会遇到任何有意思的人，还是愿意花几个小时在一个社交网站上，研究你感兴趣领域中的某些人，给他们的帖子点赞并最终撰写有关他们的文章。这么想是否会让你看得更清楚？

法拉奇指出："人仍然是人，仍然会对同样的激励做出反应，仍然希望与他们认识、喜欢和信任的人一起工作，发生改变的只是人们进行连接的技术。社交媒体使世界各地的人得以彼此联系，还有一些网络应用程序可以帮助你找到与你志趣相投的人。我们不再为了拉关系而流连于会议厅或酒店会议室。当然，这并不是说与别人当面交流有什么问题。"

如何参与其他人的主题和帖子

《价值百万美金的 7 堂人生经营课》一书的作者迈克尔·埃尔斯伯格会有意识地在社交媒体的不同评论区发言。他说："我喜欢借助社交网络平台与人沟通。如果你在推特上发布了一个有趣的回复，或是分享了一篇文章，或是有人问了一个问题而你做出很好的回复，你就可以和那些你以前根本不可能接触到的人展开对话。"

他还指出，拥有自己的在线平台和内容可以有效地帮助你搭建人脉网络。例如，他与畅销作家尼尔·施特劳斯之所以能成为朋友，是因为后者在阅读了埃尔斯伯格撰写的一篇文章后与他主动取得联系。"他主动联系我，说想和我见一面，"埃尔斯伯格说，"这基本上是在我睡觉的时候帮我拓展人脉。"

社交媒体提供的社会认同

斯科特经常在推特上与人对话。推特上的签名照片给了他快速提高自己真实可信度的机会。他的简历可以让他快速传递许多关于他的生意的信息以及其他社会认同点。他还可以提供自己个人网站和公司网站的链接。最后，他总是保持一个置顶的推特，有时是他写的某个可以表明自身观念的关键主题（例如他为 Inc.com 写的一篇关于成为一位连接大师的文章），或是某篇主流媒体报道，以提供有关他是谁以及他在做什么的第三方验证。（在撰写本书时，他的置顶推特是微软全国广播公司对他进行的一个有关社群建设的采访。）

"我为什么要做这一切？因为我知道我想联系的人总是很忙，我想确保他们与光明正大的人建立联系，并且能有价值地利用他们的时间。"他表示，"这样，如果我主动向一个素不相识的人发送一条推特，或者加入一场聊天并亮出我的观点，他们在 5 秒钟内就能了解我是谁以及我在做什么。这对数字化地破冰大有帮助。"

如果斯科特希望进行更深入的对话，他会要求转为私信。当然，斯科特已经有诸多关注者和其他经过验证的身份作为社会认同，但前面所说的第一步是任何人都可以做到的，包括你。

吸引受众积极参与

天使投资人马克·苏斯特每天都会发布 Snapstorms——围绕特定主题拍摄的弹出式短视频。这些短视频可以覆盖数千人，每条视频都集中提供大量信息，会让每位观众都感觉非常个性化。

苏斯特很清楚自己在做什么：他想接触的人大多是 21~35 岁的企业家，巧合的是，他们的年龄范围与 Snapchat 的用户相同。在注意到他的大多数竞争对手（年龄在 35~55 岁之间）倾向于避开这个平台之后，他认为拥抱这个平台具有很好的商业意义。他不在乎这些视频在 24 小时后就会被销毁，而是喜欢这种即时性和真实性。他同样喜欢这种接触到许多人的能力，他说："如果我能每天用 5 分钟的时间帮助成千上万的人，为什么不呢？"

第九课

学会做有效的自我介绍

社交新手在刚刚学会做介绍时往往热情过度。一旦他们学会"把不同的点连接起来"并发现共同的价值，就会抓住第一个机会付诸行动。这是一个常见的错误。

我们的建议是什么？忍住！当时机到来时，有一个公式来指导你如何连接，而要算出这个公式，你首先必须发现许多变量。

如何做介绍

好的介绍应提供语境，实事求是（而非长篇大论），列出目标和共同价值并阐述如何实现这些，所有这些要在一分钟的面对面谈话中完成，或是通过一封确实会被收件人阅读的简短的电子邮件。

基本上，在建立任何联系之前，你都应尽你所能，确保做一个成功的介绍，并令每个相关的人都拥有良好的体验。你的工作是尽可能降低风险，减少负面体验和时间浪费，确保你的介绍是得体的，而不是勉为其难。

无论你们是共处一室进行面对面的谈话，还是通过电子邮件联系，你都应该以类似的方式为谈话做好准备。这是为了建立信任，并运用你所带来的语境和洞见与他人合作。

介绍为你提供了一个机会，让另外两方了解你做这件事经过了深思熟虑，你把他们聚在一起是有原因的。

你该如何表现出自己的深思熟虑呢？通过证明你确实认真倾听了他们所说的；通过帮助他们了解自己真正需要与谁建立联系，从而获得帮助；通过表明你的意图是真诚的，并且你清楚知道自己在做什么。你不必四处推销你是一个连接者，人们会注意到。

除了显而易见的一点，即你面对的是活生生的人而不是数字化平台之外，网络介绍和现场介绍之间还存在一些微妙的差异。网络介绍首先要计划发送一封电子邮件做介绍，以便有机会发出正式请求。邮件应该包括每个人的简介，应把接收者放在前面。

你可能知道一封糟糕的电子邮件是什么样的，它们是那种没有前因后果，没有背景，也没有实质内容的邮件，完全不知为何而写："约翰，我在一次活动上认识了杰克，你们两个应该认识一下。"

如果你不明白这样的邮件为什么毫无用处，让我们来解释一下：它什么也没说。任何一方都不知道他为什么要认识对方。那么，为什么要浪费时间这么做呢？他会从中获得什么？这么做的目的是什么？（不用说，人们讨厌这样的介绍，并会因此而讨厌你。）

现在和下面这封邮件比比看：

亲爱的约翰，

很高兴那天晚上在 ABC 活动上见到你。杰克（这封邮件抄送了他）熟识 XYZ 行业的许多首席营销官。杰克，约翰去年从他创建的第一家公司成功退出后，刚刚开始第二次创业。他认为他的新服务将在 XYZ 行业引发很好的反响，并且特别希望了解 XYZ 行业的潜在买家在与新供应商合作时会看重什么。考虑到过去五年里，你的公司在 XYZ 行业取得如此巨大的成功，我觉得你可以和约翰分享一些有价值的洞见。

约翰，杰克对 XYZ 行业非常了解，他以前是该领域一家公司的首席执行官。我建议你向他详细介绍一下你的产品，因为我相信你们有可能达成某些战略合作。

请直接联系，并告诉我进展如何。

上面两封邮件的区别应该是显而易见的，但如果你看不到区别在哪里，那么请看：在后面的例子中，双方都大概了解了对方是谁，身处哪个领域以及地位如何。通过邮件的开头，杰克了解到约翰是连接者的一个相对较新的联系人，因为连接者开门见山地说出他在哪里见过约翰，而且是最近发生的。介绍邮件里的"为什么"，即要求和意图十分明确。而且，尽管主要的要求是请杰克为约翰提供相关信息和洞见，但连接者也利用了他对约翰产品的了解来暗示这样一个事实，即它可能对杰克也有附加价值。

总结一下：简明扼要。你不应该长篇大论，但你必须给出他们为什么应该见面的语境。你需要阐明这个前提，即何人、何事、何时、何地和为什么。双方的轨道在哪里相交？介绍他们认识如何能对他们彼此的个人努力有所帮助？通过介绍双方结识，你希望达到什么结果？

不要做假设，也不要发表评论。真正优秀的连接者只是发起一场交谈，以便让相关人士自己找出他们应该会面的原因。如果连接者对双方都很熟悉，他就可以发挥作用，阐明为什么这种连接对双方都有价值。所以，当我们说不要评论或假设时，我们所指的是针对你所不知道的东西，而不是你所知道的东西。作为一个连接者，如果你知道一些东西可以使这一连接更加特别和有价值，那么就此说上几句是个好主意。

以上面的例子为例。如果连接者不知道杰克正在寻找战略联盟，或者约翰的服务并不适合杰克，那么连接者就不应该在邮件中表示双方有战略合作的潜力。

同样的原则也适用于面对面的介绍。下面再举个例子：

糟糕的介绍：约翰·史密斯是一位销售高手。他是我认识的最棒的人之一！

请注意，这么说不能提供任何语境，没有理据，也没有任何能让与你交谈的人抓住的东西。基本上没有任何能引起共鸣之处。

好的介绍：约翰·史密斯是一位首席营收官，过去十年驰骋于企业 SaaS 领域，为公司带来了持续的销售增长。

　　这个例子通过实例、行业、资历和过往业绩等方面的信息提供了丰富的语境，清晰明确并且具备社会认同点。简而言之，它提供了一个完整的画面，说明为什么这个人可能是最适合某人需要的人。

　　顺便说一下，好的邮件主题同样重要。一个好的邮件主题应该包含双方的姓名，这会使他们日后更容易在杂乱的收件箱中搜索邮件。

　　不久前，瑞恩曾借助自己的人际网络帮助一位20多岁的朋友在职业生涯早期寻找 SEO 领域的工作机会，他收到了无数回复。但在建立联系之前，他让这位年轻朋友审查了瑞恩准备推荐的所有公司，以确保这位朋友认为这些公司对他来说是较为合适的。瑞恩不想在明知没有多大可能性的情况下浪费任何一方的时间去做介绍。

　　这说明：你必须要求更多的语境来解释为什么某些人应该建立联系。如果不这样做，你可能会给自己的一位重要联系人盲目介绍一个人，而后者的目的是希望向前者推销一些他们并不想要的东西。要想更好地判断动机和意图，并不一定通过谈话，还可以通过其他元素，比如个人的工作或职业抱负。如果他们是销售，目标是与你认识的人见面并试图向他们推销一些东西，那么你要好好考虑是否与之产生瓜葛。

双向选择

　　社交新手经常犯的一个错误是对某人突然袭击。他们往往因为太渴望展开行动而盲目出击，而这是一大忌讳。事实上，成功做介绍的首要规则就是"双向选择"，这是亚当·格兰特创造出的一个术语。

双向选择的意思就是字面意思，即两个持相同意愿的人建立的联系。只有在非常特殊的情况下才可以做"盲眼介绍"，并且你还必须拥有极强的信心，认定你将要建立的联系对双方而言都是不可或缺的。（这是绝地武士级的心电感应连接，你可能并未准备好。）否则，千万别这么做。乔恩·利维表示："如果是高级别人士的联系，我会请需要介绍的人写几句话，然后我会简单编辑后发送出去，并询问是否可以做介绍。"

Techstars（一个助力企业家的世界性网络）的联合创始人兼联合首席执行官戴维·科恩甚至表示，只要是"双向选择，他愿意帮助任意两个人建立联系。我知道有些介绍的质量会比其他介绍更高。我会努力理解他们的目标和偏好"。

我们认识的一位记者非常不高兴地过来找我们，因为她收到了一封电子邮件。她与发件人并不熟，只是几个月前在电话里和对方短暂地交谈过，而对方突然给她发了一封电子邮件，想把她介绍给一个整形外科医生，而她推测这位整形外科医生是想让自己写一篇关于他的文章。然而，这个要求并没有明确地说出来，事实上，邮件只是说："你们两个都很棒，有许多值得进一步讨论的话题——还等什么呢？"

我们的记者朋友认为这么做非常没礼貌，的确如此。发信人并不是她的好朋友，他们只是泛泛之交，而且，这位连接者也没有问我们的朋友是否有时间见任何人，或者她是否有心情和任何新朋友交谈。"我回复说我很忙，并祝他的项目获得成功。"记者朋友告诉我们，"这么说没有问题吧？"

我打赌你也认为这么说完全没有问题！虽然没有必要毁了一段关系，但你也不必大费周折地迁就任何人，尤其是那些你并不太了解的人。如果那个人事先打个招呼，我们的记者朋友显然会更好说话。但现在，不管那位连接者自己是否意识到，他已经失去了信誉。

每一次介绍都应该根据具体情况相应操作，但你应始终开动脑筋认真思考。如果涉及的是你非常了解的人，你可以放手去做。但是如果你们的关系很一般，那么你应该有意识地考虑到对方的时间。

显然，如果两个人同处在一个房间里，你有三个选择：立即介绍他们认识，不介绍，或者先与其中一个人私下快速聊几句并得到确认（类似于做出口头的双向选择）。

在数字环境中，你有更多的选择，这要取决于具体情况、相关方以及你与他们关系的密切程度。

何时可以直接做介绍？

通过直接的电子邮件介绍，连接者与另一方建立了足够牢固的关系，此时就可以放松地主动与对方联系。戴维·科恩经常收到很多人的请求，都希望被介绍给某个特定人物。在这种情况下，他会给特定人物写一封简短的邮件，表示："很多人请求我把你介绍给他们，你是否希望我先做一下过滤？"大多数时候科恩只是转发那些邮件并问道："你对这个人感兴趣吗？"

不过，你也可以创造性地做介绍。杰森·盖格纳德是"双向选择"的忠实粉丝。事实上，在没经过"双向选择"的情况下，他通常不会做任何介绍。

但也有例外。不久前，盖格纳德打破常规，向斯科特和《社交无用》^①一书的作者德里克·科伯恩发送了一段视频介绍，斯科特为了本书希望采访后者。

盖格纳德并没有问两个人是否希望介绍他们彼此认识，而是拍摄了一个两分钟的视频介绍，并通过电子邮件发送给斯科特和科伯恩。在视频中，他列出了两个人的背景，并解释了为什么他认为他们应该见面。斯科特以前从未收到过视频介绍，他说："那真的非常令人惊喜，而随后的会面进行得很顺利。"

当然，这次介绍之所以如此成功，主要是因为盖格纳德对双方都非常了解，知道他们的目标、性格和背景，也知道随后的联系会受到双方的欢迎，他并不是随意而为。如果你确信和双方的关系都足够好，他们不会因为你的"冒昧"介绍而生气，那么就去做吧。但是如果你有任何疑问，那么你应该坚持先通过双向选择。

跟进

做了任何连接之后，一位好的连接者会联系双方并了解进展如何，不需要做太多，一封简短的电子邮件就已足够。你需要知道人们获得了什么价值。如果你真的想成为一个连接者，那么你需要一

---

① 译名参考中国财政经济出版社 2015 年中文版。——译者注

些东西来衡量你自己。你需要知道什么有效，什么并不成功，以及你将来可以在哪些地方做得不一样。另外，你要确保一切按照预期进行。如果你发现有人对你打开的大门没有反应或是并不心怀尊重，那么你就知道将来和那个人打交道时应更加谨慎。

杰森·盖格纳德设置了一个提醒，以便及时跟进他所做的每一个连接。对他来说，这是无价的。他表示，了解事情进展如何，一切是否顺利，"以及我的想法是正确的"，这些对他而言都十分重要。

何时不应做介绍

除了知道什么时候该进行连接之外，超级连接者还知道什么时候不要这样做。即使你想帮助的人非常好，但如果你知道连接双方并不适合，那么就不要这样做。不做介绍往往是更正确的做法，因为你不能服务所有人，过度帮忙会导致连接质量下降，那时你为他人做的一切会被认为是多余的，而非受欢迎的礼物。

如果你将超级连接者视作教育家或导师，正在留意提出介绍请求的人，那么暂时不加以引荐则真正体现了他们的关切。盖格纳德说："如果你贸然介绍一个还没准备好的人，他们会终止联系，并对自己感到愤怒和失望。人们必须准备好与我介绍给他们的人进行有效的沟通，否则每个人都会感到非常糟糕。"

下面是六个警示信号，提醒你在这种情况下最好暂缓行动：

1. 对方的目标不合理或不现实，或者他 / 她还没有准备好。

几年前，一个刚毕业的大学生请乔恩·利维向 Techstars 纽约的总经理转交他的申请。利维要求看看申请书，简直糟透了。"我直截了当地告诉他，我现在还不打算这样做，"利维回忆道，"这是我的反馈。你自己必须做好准备，而现在你显然还没有。"

利维继续说道："如果我 22 岁时站到理查德·布兰森的面前，我会让我自己感到无比尴尬，而他也永远不会再和我见面。你必须先让人有了一定的发展再去介绍。我不会随便把一个人介绍给社交名流，也不会介绍给真正重要的联系人，除非我确信他有这个实力。"

利维很明智：他通过拒绝贸然建立联系而表明他是真诚的。他还向那位年轻人提出建议，指导他应该如何为与人见面做准备，同时他拯救了这个年轻人，使他免于面对一扇被彻底关上的大门。

2. 对方的意图不真实或寻求介绍者是一个索求无度的人。

有些人会借助谎言——无论是赤裸裸的还是遮遮掩掩的谎言——来获得他们想要的东西。如果你不确定他们的真实意图，那么不要贸然出手相助，因为你无法承受这样做的风险。再次强调，这关乎你的信誉，因此你对与什么样的人建立联盟要非常当心。你必须了解棋盘上的棋子以及游戏规则。对被介绍者而言，你介绍给他们的人会决定你在他们心中的形象。如果有人说，"我想认识 F 行业的 Z"，并且说这个话的人是销售副总裁，那么其动机显然是为了推销。那么问题来了，你希望自己处于什么位置，是帮助他人推荐客户吗？答案有可能是，但也很可能不是。

琳达·罗登博格指出："你必须小心那些想要闯入你的社群的人，他们进入的方式意义重大。如果他们只是想结交最重要的人，那么他们的意图太过明显，并会以错误的方式骚扰他人。"

3. 你想当然或是夸下海口，而实际上你可能无法兑现承诺并会看上去像个傻瓜。

很多人都犯过类似这样的错误："比尔·盖茨是我叔叔最好的朋友，我相信他会愿意投资于你的新产品！"如果这不是真的，而你承诺了一些不可能兑现的事情，那么你不仅会让人失望，而且你的名誉也会受到打击。

你还要确保守口如瓶，而不是向提出介绍请求的一方做出任何过分承诺，这意味着不要让自己夸下海口却不能保证兑现。你拥有的全部就是你的人际纽带和连接能力，如果失去这些，人们会对你的价值失去信心。对一个超级连接者来说，最糟糕的事情就是不再被人们视作一个有价值的连接者。

4. 人们一心想认识的人并不是他们需要认识的人。

有些人已经下定决心要为了一个非常具体的目标去见一个特定的人，其他人都不行，而全然没有考虑过这对他们来说绝对是找错了人，尤其是他们想见的人很可能连帮助他们的能力都没有。此时，应非常婉转地让他们知道你不愿意建立这种连接，并解释原因。即使面临冒犯他人的风险，你也要诚实。和一旦真正建立了那个连接后你将会经历的痛苦相比，这一小会儿的尴尬根本微不足道，因为你如果那样做了，只是在浪费他们的时间，或者更糟的是，对他们的生意有害。这样做对请求建立连接的人也有害，因为他们投资于一个完全错误的人来帮助他们。同时对你也很不好，因为你拿自己的联系人去做交易，因而失去了作为一个超级连接者的信誉。

一个电子邮件示例：

> 嘿，×××，我很乐意帮你建立连接，不过在目前的情况下，我真的认为那不是你该找的人，而我希望尊重你的时间，也尊重对方的时间。因此，我向你推荐 XYZ，这是因为……希望你能理解。让我知道你的想法，或者让我更深入地了解为什么你认为他是一个合适的人，然后我们将决定后面如何行动。

如果这个人继续坚持要求建立这一连接，而你的确觉得它不太合适，那么就继续保持诚实，不要害怕说不。不遵循超级连接者的本能对你信誉造成的损害远比让这个人在此刻快乐更重要、更持久。在大多数情况下，我们发现对方可能感到的沮丧很快就会消失。

5. 你不认识他们想见的人。

有时，一个人寻求与你并不真正熟悉的人建立连接。在这种情况下，你大可果断地暂时放弃这样做，从而给这段关系更多的发展时间。

或者，你可以诚实地告知寻求介绍的人，你并不是建立这一连接的合适人选。我们经常遇到这种情况，很多人在领英上找到我们，注意到我们的联系人列表中都有谁，并想当然地认为我们和那些联系人是好朋友。

事实上，他们只是我们所谓的"虚荣心连接"，也就是说，我们主动加了他们为联系人，或是他们主动加我们为联系人，但我们彼此几乎或根本没有建立实质性的关系。也许那个人只是读了我们其中一个人写的一篇文章，并且主动联系了我们，认为有一天这种联系可能会有价值。这种情况一直在发生，当你不是合适的人选时，保持诚实非常重要。拒绝并不会对你作为超级连接者的可信度造成任何打击。

6. 你与被介绍者的关系较新，而你对寻求介绍的人心存疑虑。

有时你可能不认识合适的人，或者无论出于什么原因，你并不愿意把这个人介绍给他们。这没什么关系。有些寻求介绍的请求注定会无果而终，或者根本不会开始。

在其他情况下，你可能不是做介绍的最佳人选，要么是因为你和被介绍者不是很熟，要么是因为他们是你刚刚建立的关系，要么是因为根据你知道或听到的消息，对方习惯于以某种特定方式建立连接，而你的方式并不符合。有时候，最好的办法是将寻求介绍的人与和最终介绍目标更密切的人联系起来，因为后者有更好的关系（在被连接的人眼中，重要的考虑因素是他们对连接者的尊重程度）。

如果你为两个人建立起连接，但是他们的进展欠佳，你该怎么办？你应如何重获信任和修复关系？什么情况下这种关系值得保留，什么时候你必须放手？你采取什么样的姿态和行动来传递信息，才能保证你对对方仍然是有价值的？

从技术上讲，如果你严格遵循我们的建议，这种情况不应该发生，不过我们不否认意外的出现。所以，如果两个人通过你建立了连接，但这段关系的发展不尽如人意，那么一定要道歉。要让对方知道你感觉很糟糕，而且你没想到会出错，询问对方你是否可以做些什么来修复关系，或者，更好的做法是，写一张便条或送一份礼物。通常他们会对此表示理解，因为他们可能也有过类似的经历。

第二部分

建立以自己为核心的社群

围绕在你周围的人，已经与你发展出某种程度的关系，能帮助你为
他人提供更多帮助，并因而得到你自己的投资回报。

第十课

打造你的社群

你认为谁是人口 6 万的佛罗里达州霍姆斯特德镇人脉最广的人？我们会给你一些提示。在过去的 25 年里，他曾担任过下面这些职务：

- 霍姆斯特德商会主席、财务主管、副总裁、总裁
- 霍姆斯特德社区音乐协会董事会成员、财务主管、副总裁、总裁
- 南佛罗里达州第一国民银行主席
- 霍姆斯特德牛仔竞技协会董事会成员、财务主管（以及牛仔竞技游行的大礼官！）
- 军事委员会主席、副主席、司库
- 警察养老金委员会主席

- 2013 年度最佳公民
- 两座教堂的长老

啊哈！你肯定说，他一定是市长，或是个亿万富翁，或是乔治·克鲁尼，或者可能是卡戴珊的表亲？

不对，不对，还是不对，你是认真的吗？

他叫吉姆·皮尔斯，是当地的一个会计师。

一点儿没错：佛罗里达州霍姆斯特德镇人脉最广的人是一位 66 岁的注册会计师，一个人们在 4 月初报税季即将截止时会着急打电话求助的人。皮尔斯拥有镇上少数几家小型会计师事务所中的一所，为家族小企业提供纳税申报服务。他建立了一段跨越几代人的长期关系，多年来一直为他带来推荐的业务。他说："我认识那些祖母、母亲，还有现在的儿孙辈，所以这是一个世代相传的事情。"

皮尔斯并不是出生时就自带名片夹。事实上，他在开始时并非身家不菲或是已有深厚的人脉基础，他 35 年前刚刚搬到霍姆斯特德镇时，一个人都不认识。但是，他的目标是在那里扎根。此外，他也从来没有主动追求过任何表彰、荣誉或地位，那些都是他人加在他身上的。一切都是自然而然地找上门来的。总之这些好事确实就找上了他，不是通过点起蜡烛、唱起咒语，并祈求宇宙把人们带到他身边，而是通过谨慎而有选择地在自己周围建立一个由合适的人组成的社群，并始终坚持，是通过给予，持续地帮助社区。他的方法很容易复制，你不需要花费 10 亿美元举行盛大的聚会，任何人都可以做到。

　　皮尔斯能成为镇上最有影响力的人，是因为他拥有一个简单的，可能也是最重要的超级连接者独有的才能，即：建立社群的艺术。你首先要学会发展自己的关注点（还记得吧，我们之前已经讨论过这个词），然后放手实践。

　　我们将这称为建设"你的社群"。也就是说，围绕在你周围的人，已经与你发展出某种程度的关系，能够帮助你为他人提供更多帮助，并因而得到你自己的投资回报。

　　建立社群有许多策略，而且，就像本书中的所有内容一样，并没有一个适合所有人的蓝图。我们在本章中将讨论你可以采取的一些策略，但是只有你，运用你忍者般敏锐的自我意识，才能决定什么方式适合你。

　　一流的超级连接者可以召集合适的人来到他的身边，亦即建立他们的社群。具体形式多种多样，可以通过组建正式的团队、举办活动、创建在线论坛或是借助大量其他技术来实现。但是，在你开始拥抱这一点之前，你应首先了解我们在本书中所定义的"社群"是什么，这一点非常重要。

定义"社群"

　　正如皮尔斯认识到的——以及超级连接者都知道的——社群建设是一切的核心。他从长期视角观察了自己的全部人际关系和社群里的所有人。他知道自己想成为自己生活和工作的社群的基石之一，并因此确定了自己建立关系的方式。如果他从"发展业务"的角度思考，他很可能不会在思考自己的关系时如此成功。他一贯具备的长期和非功利性的思维使他能够将合适的人吸引到身边来，而他为改善生活环境而坚持付出的努力也吸引了同道中人。这正是他们不仅创建了可信连接，并且成功维护这种连接的原因所在。但是超级连接者对"社群"概念还有一个独特的认识。

我们对社群的定义十分简单，即：拥有某种共性的一群人的集合。

有些社群面向特定行业或相似背景的人，其理念是为了让社群存在，其成员需要有相似的身份，例如你的职业或者职位（例如，仅限于 IT 专业人员或遛狗者的小团体）；或是更具包容性的条件，比如说，面向企业家，无论你来自哪个行业（正如 YEC 的定位）。这一点的价值是巨大的。

就我们的目的而言，"社群"由你周围的人组成，无论是有意为之还是纯粹靠运气，而"团体"或"活动"则是一种与你所关联或聚拢在一起的人相关的正式的架构、行为或是管理制度（更多内容见下文）。例如，YEC 是一个团体，因为它是正式的，由来自我们更大社群精选出的人员组成。我们可以对亚当·里夫金的"106 英里"、乔恩·利维的聚餐会，以及戴维·哈塞尔定期举办的"私宅系列"企业家餐会（Mansion Series）做出同样的定义。

社群既是你可以加入的东西，也可能是某些既有的东西，比如说，一个家庭。它可能以线下或线上的形式存在（或二者兼具）。为了更深入地参与，最好的连接者会通过正式的行动，如群组、活动或是线上交流平台（如内部通讯和论坛）来组织他们的社群。

最美妙的是，你可以同时成为许多社群的成员，一个为自己居住的城镇，一个为自己的职业，一个为自己的爱好，一个为自己的家庭，等等。你的社群总是在不断发展和变化，它可以以你想要的任何方式呈现；它会随着你的不断发展而发展，而你可不断以最适合自己的方式重新定义它的条款。

让我们以实际的地理位置为例。即使你和自己的邻居持不同政见，但你们都需要纳税，并居住在同一个地方。这就使你们组成了一个社群，因为你们都希望生活在一个稳定和快乐的环境中。你们有一个共同的愿望：希望看到你们的城市变得最好。如果你对自己居住的城市不满意，那么你可以搬家（或者做些什么来改善它）。如果你喜欢它，那么你会留下来，甚至可能会加倍付出。你身边的人是你生活中的重要组成部分，也是别人定义你身份的一种方式。

但是超级连接者知道如何不断扩展边界，以便在生活的各个方面都有一个更加生动的社群体验。这样做的原因很多。首先，社群为与他人分享知识提供了基础，而这些人同样深切关心你所关心的话题和问题，因此，社群提供了一种获取和提供反馈、支持、介绍和推荐的途径。此外，它还有其他一些好处。

渠道：任何社群的目标都是能够自然地建设自身及其价值。一个人的加入就可为其增加重要的价值，而几十个人的加入则可以带来无限的可能性。

假设你希望见到可口可乐公司的总裁。如果我们今天发送一封电子邮件，试图约他见面，我们可能会成功，但这需要动用一些人情，付出机会成本、时间，以及许多社会资本。但如果你认识一个已经和那位总裁建立了信任的人，并且那个人信任你，那么你能节省大量时间和精力，其价值是显而易见的。因此，如果你身处一个已经形成且彼此交换价值的稳定的社群，你可以一跃而起抓住自己正在寻找的各种机会。

财务机会：我们生活在一个"你认识谁"非常重要的世界里。如果你是一个值得信赖的人，无论是商业机会还是其他机会自然会送到你面前。财富和机会的大门会为你应声打开。你可能没有意识到这一点，但其实你在职业生涯中每一次的脱颖而出和赚更多钱的机会，都是因为你与其他人的关系。无论你是一个独立的企业家还是一个大企业生态系统的一分子，情况都是如此：你的机会是你拥有的关系的副产品，随着你的关系不断发展壮大，你在生活中的收入潜力也会越大。

然而，你应记住非常重要的一点，如果财富是你在某个社群中的主要目标，那么你将适得其反。这通常是社群中缺乏有意义的参与者或领导者的结果。

让我们回头看看吉姆·皮尔斯的例子。在刚开始的时候，皮尔斯的目标非常简单：成为负责任的社会一员。他的初衷不是为了赚大把的钱，不是为了竞选公职，也不是为了成为事实上的市长，而是为了成为一个好公民。他知道他将要植根霍姆斯特德镇，并在这里度过余生，所以他想在当地扮演一个积极的角色。

他知道正确的人际关系会帮助他实现目标，于是他开始建设关系。他是怎么做的呢？他遵循着自己的目标而且一直初心未改。

这并不意味着当机会落在面前时，他不会伸手抓住。他说："我的一位导师曾说过，'你应该进入商会的董事会'，我知道这最终会带来业务，但这不是驱动因素。我的驱动因素是帮助社区、参与其中和做好事。"

他的态度也影响到了他的人际关系。皮尔斯和镇上另外一个会计师交上了朋友，对方在他的事务所正对面开了一家事务所。那个人搬进来的那天，皮尔斯走过来做了自我介绍。"我说，'如果你有任何需要，或是要用传真机，欢迎你随时过来'。"皮尔斯回忆道，"从对方的肢体语言可以看出，他的态度非常冷漠，充满了防御性，显然他感到极不自在。"

当皮尔斯回到自己的办公室时，他突然想到，这位年轻的会计师可能正在面对自己在他这个年纪经历过的同样的恐惧，他很可能认为我是在试图评估自己的竞争对手。于是皮尔斯又转身走了回去。

皮尔斯对那位新搬来的会计师说："你并不会伤害到我，你带不走我的任何客户，我也不想带走你的任何客户。你已经和喜欢你的人建立了良好的关系，所以我不可能伤害到你，你也不可能伤害我。事实上，如果你需要更多的客户，我会给你推荐一些。"

他确实这么做了。事实上，皮尔斯向对方推荐了如此多的客户，以至于对方请他先停一停。他们现在拥有非常好的关系。

他经常想起年轻时听到过的一句老话："好朋友不能带来好生意，但好生意一定能带来好朋友。"

知识分享和学习：如果你是本地商业社区中某个小团体的成员，分享信息会让你感到欣慰。你可能在特定的季度里发现自己的生意遇到了困难，但是如果你看到同样的情况发生在其他人身上，你就会明白这不只是你一个人的困难。

社群还创造了一个机会，让你连接并学习到自己原本完全不了解的事情。这是我们在 YEC 最喜欢的内容之一。我们的会员包括各个领域的企业家，从传统的实体企业到高科技初创企业。当一家高科技初创公司想把他们的产品推向某个市场时，他们能迅速找到一个朋友提供帮助。而当一家传统的实体企业想面向网络上的受众提供他们的主推产品时，你认为他们会给谁打电话咨询有关电子商务的建议？你猜对了，当然是向 YEC 大家庭中的高科技初创企业。

你的社群里应该有谁？

你肯定希望自己建立的社群有深度。这意味着，如果你想被视为餐饮服务业的领军人物，你就不应该只是走出去和你所在城市的每一个酒保交朋友（尽管这是一个节省鸡尾酒钱的好方法）。相反，你肯定希望在餐饮服务业内的多个领域都能建立连接和发展关系，比如大厨、美食家和餐馆老板，开发支持餐饮服务业应用程序的初创企业。当然，也不能忘了酒保。

当你有一个非常具体的目标时，你还需要知道应该和谁联系。假设你是美国中西部的一家刚刚起步的初创企业，希望把业务的年收入额提升到 100 万美元。你不会打算两手空空地走出去，顶着烈日去按下每个创业企业的门铃吧？

不，你当然不会。（如果你回答是的话，我们可能需要坐下来好好谈一谈了。）相反，你会特意寻找美国中西部市场类似行业的一些初创公司，这些公司在过去一两年中的年收入达到了百万美元。

这些特定的焦点可以确保你找到正确的人，这些人实际上已经解决了你需要解决的问题，并且他们所处和所了解的市场与你相似，他们所处的国家和地区也和你相同，因而可能遇到过同样的阻碍。

不过，建设社群并不只是聚集起一群人那么简单，还要精心管理，让合适的人聚在一起。这意味着——在此我们想再次强调——要有所选择。

无论你喜欢与否，人们都会根据你总是和谁待在一起来判断你。"人们会根据你身边的人来给你下定义，"亚当·里夫金表示，"社群里的每个人都多多少少有一些共性，但这是你想要的社群吗？这是你认识的唯一一世界吗？"

我们认为，你首先应去除自己的所有假设，不预设自己应该和什么人交往。换句话说，你认为的或"显而易见"的人际网络并不一定是你应该追求的目标。你不一定总是要和同行业和同职位的人聚在一处，或只是去见潜在的目标客户。事实上，这些人是如此明显的联系对象，以至于他们很可能已经被骚扰了太多次，并且已经拥有他们信任的类似产品，或是会怀疑你的真实意图并想躲开你。更好的计划是找到那些并非一眼就能看见的圈子，它们可能会随着时间的推移而改变，但在开始时应服务于一个特定的人际网络，并且能够看到真正价值。

建立社群的目的何在？

如果你经营的是一家主街上的普通小企业，那么对你而言最有价值的可能是让成员共享数据和商业洞见的一个社群。但是，如果你想建立的社群是一个值得信任的顾问团队，那么你最好寻找那些曾经进过公司董事会的人。因此，你必须思考自己正在建设或加入的是什么。

你在自己周围建立一个社群是出于什么目的？职业发展？这非常好。不过，你到底是如何定义"职业发展"的？你希望自己担任什么样的角色？你想进入什么行业？你希望赚多少钱？它将是一个怎样的社群？有没有明确的结构？是正式的还是非正式的？是仅限邀请的非开放式体验，还是对所有人都开放？要打造这个社群需要得到哪些人的支持？你如何找到他们？

除此之外，我们希望再加上一些你自己提出的更有针对性的问题（要有创造性！），它们将帮助你为建设社群的工作制定一个真正明确的目标。然后，你就可以决定需要去见哪些人了。请扪心自问：他们是不是那些在我心仪的行业中居于我想要的位置的人？他们是能直接做决策，并给我带来新的职业生涯的人，还是（这种情况更有可能）决策者的影响力圈子内的人，能帮我做出强有力的推荐，并最终把我送到决策者的门口？

第十一课

如何找到自己的社群

无论你的技能水平如何，你都需要先加入一些已经建立起来的团体或社群，或是借助和这些正式或非正式团体有关联的人（或是运作者）的帮助，以便最终建立你自己的社群。在创建自己的团体之前先加入他人的团体——包括已经建立的团体、见面会，或是专业组织——是明智之举，因为你可以从中吸引到自己社群的中坚人物。

借助既有人脉资产打造自己的社群

你之所以要进入某些团体和社群，是为了进一步筹划，并寻找你未来将要创造的人脉资产的中坚人物和其他重要人物。

在这些社群中，你应该是一个积极的参与者，以便吸引你想结识的人，并更好地了解他们。但你的真正目标应该是为自己想要建立的社群寻找最合适的人，并将他们带入你的世界。

连接者看世界的方式不同于其他人。我们说话的方式不同，我们给人的印象也不同。我们使用不同的技术，我们也以不同的方式掌控周围的环境。超级连接者善用既有的人际网络、事件或团体来创造价值，从而筹划和管理他们自己的社会资本和社群。

例如，艾比·宾德在密尔沃基经营着一家名为艾比窗业的公司。她是多家专业组织的成员，包括美国改建工业协会、商会和商业改进局；她的公司也是一家注册认证的以女性为主的企业。她基本上通过上面的社群来开展自己的业务。她说："当你拓展自己的业务关系时，专业组织拥有巨大的价值。在那里你能获得渠道，可以共享知识，还能知道去哪里寻找你的潜在客户。"

确定你的"中坚人物"和"核心小组"

YEC 在最初并非一个正式的组织。尽管只有成功的企业家才可以加入，但我们没有正式的程序或标准，只是对会员加以选择，以便我们确信加入的人足够可信，确保他们能够与学校、媒体，以及彼此之间进行交流。但正是这种选择性和 YEC 提供的渠道造就了每位会员都极为关注和尊重的特别体验，并让他们转变成为组织的大使和忠实拥趸。

直到成立一年后，我们才开始收取会员费。顺便说一句，我们这样做并不是为了从会员身上大赚一笔。我们之所以想把它变成一个正式的团体，是因为我们相信，借助专门的团队及相关预算，我们可以为会员们提供更多的价值。我们意识到，如果我们希望建设一个正式的会员组织，我们必须收费。

那么，你要如何才能找到这些中坚人物，即你能与之建立共同价值的人？换言之，找到那些你相信能够为你社群的最终成功埋下发展种子的人？

创建你自己的正式人脉资产

一旦你为自己建立起这样的社群，你通常会希望以群组、活动或论坛的形式，为你的社群构建更强的结构，从而建立更深层的关系。

最好的连接者会通过下面三种机制将他们的非正式人际网络转化为正式的社群，那就是：群组、活动或在线交流渠道，如论坛和内部通讯。我们对 YEC 就是这样运作的，CMX Media 的首席执行官戴维·斯宾克斯对其公司高度参与的"脸书群组"也是这样运作的（其主要业务是为全球的社群运营团队组织会议、研讨会和专业培训），而乔恩·利维也采取了同样的行动，把自己的人脉关系变成了晚餐和沙龙。

如果你还记得，利维最开始时邀请一群人到他家一起做饭，那是一个正式的活动。然后，他让客人推荐其他客人。那些受到推荐的人又接受了邀请，并被要求再推荐其他人，如此往复。

吉姆·皮尔斯是另一个例子。他居住的霍姆斯特德是一处美丽

的乡村地区，居民们喜欢钓鱼和打猎。所以他建立正式团体的方式
就是：召集三到五个狩猎爱好者进行半固定的旅行。狩猎是他居住
地区文化的一个重要组成部分，他知道组织这样的活动一定会受到
欢迎。而且，这一类活动让人们有机会在不同的场合中互相了解，
做一些他们都喜欢的事情。

不过，除了狩猎之旅，他也会和其他居家型男性定期聚会，因
为他们往往是多才多艺的专业人士。他说："对某些人来说，去本地
的酒吧是有效的方式。在我们的社群，每个人都喜欢打猎和钓鱼，
它的好处是，你们一天中大部分时间都在一起做同样类型的活动，
而不是大家各干各的。"

制造有意义的碰撞

所谓"碰撞"非常关键。当然，我们并不是在讨论那种起火式
的碰撞。我们在这里所指的基本是其字面的意思，即让人们有机会
碰上那些本来不可能有联系的人。这涉及一个相当庞大的预先筛选
过程来确定你应该邀请谁。

乔恩·利维邀请来参加他的"影响者晚餐"的人，都是他认识
和尊重的人。随后，他让这些人推荐他们尊重的其他人参加未来的
活动。每一个走进来的人都知道他们会遇到一些非常了不起的人。
这个活动的设计就是如此。

而在杰森·盖格纳德的例子中，他在允许你参加他的任何活动
之前，必须先亲自认识你。他设计了一套申请流程，亲自进行面试，

并且把参加活动的人数限制在 150 人以内。

这样的活动可以促进产生语境、信任和长期记忆。

埃利奥特·比斯诺将企业家、创意人才和名人聚在一起，因为他知道这些人的碰撞会创造出特别的结果。他的活动曾在邮轮上举办过，也曾在他所拥有的犹他州伊登市的山顶上（没错，是他拥有的）举办过。这些活动都非常精彩。

借助间接途径建立直接关系

直接途径：斯科特建立了 YEC，斯科特遇到了瑞恩，现在他们一起工作。嘭！

间接途径则通过联盟提供价值，例如："嗯，我不认识查理，但我们都属于 YEC，所以我们之间有交集。"这里既有信息也有语境。即便你不认识查理本人也没关系，你们都是 YEC 的一分子，而那是一个你们都信任的组织，这就足够了，因为你们拥有的那个组织可以为你们背书。

我们希望，间接途径可以为你提供接触到某个人的渠道，从而使你最终直接与他们建立联系。

这就是为什么像亚当·里夫金、埃利奥特·比斯诺、戴维·哈塞尔和乔恩·利维这样的连接者能够建立起正式的团体或活动。通过这样做，他们建造了一个引擎，它有可能为其他成千上万的人提供指数级的间接渠道。通过这样做，他们为数十人，并最终为成百上千的人创造了间接联系的途径，这些人可能并不是由他们亲自邀请加入团体的，而是由社群的其他成员邀请的。社群围绕他们建立，而他们作为影响力的中心，获得了更多的间接途径来建立直接关系。这就是连接者建立自己社群的最佳方式，即：让每个参与者都受益，同时也让他们建立关系的努力不断放大。

在我们的 YEC 在线论坛上，我们曾创造机会让志同道合的会员联系上并共同创业，或者相互参股他们创办的企业，或者建立了改变生活的伙伴关系。

这就是发生在 YEC 的两位会员，扎恩·哈桑和洛根·伦茨身上的事情。2015 年底，国家保险和人力资源咨询集团（NICG）的创始人哈桑在 YEC 会员专享的脸书论坛上发表了一篇文章，表示他正在为公司快速发展而寻求帮助。洛根·伦茨作为一位连续创业者，知道自己能帮上忙。当他们知道双方都住在佛罗里达州时，他们决定见面交谈。

他们发现，伦茨碰巧已经基于薪资管理公司 ADP 的产品开发出一项技术。不久后，伦茨就成为哈桑公司的首席运营官和商业伙伴，他们共同把 NICG 带到了新的发展阶段。这是一次成功的碰撞。

YEC 是这次经历的直接部分，并对这次碰撞起了重要作用。所以我们将永远和这次碰撞紧密关联，而我们为此感到高兴和自豪。

创造非凡的体验

超级连接者不是只会举办聚会或是会议，他们还会制造"意外"。超级连接者也是不可预测的，他们经常在你意想不到的时候给你带来惊喜：一个令人梦寐以求的介绍，一张音乐会或体育赛事的门票，一封针对你举手之劳的善举的感谢便笺。我们称这些惊喜为"非凡体验"，它们几乎可以是任何不同寻常的事情。

我们不是想说从胡佛大坝上蹦极，我们所说的"非凡体验"，是指像吉姆·皮尔斯一样，拉上三四个伙伴进行一次狩猎之旅；或是像埃利奥特·比斯诺和"巅峰"活动一样，在一座私家山的峰顶召开一次会议；抑或是像乔恩·利维一样，在纽约的私人公寓里举办一场家庭式晚宴；或是像德里克·科伯恩一样，安排一场私人品酒会。当然，它也可以是在拉斯维加斯大道旁的顶层套房举办的一个独家派对，就像我们在 YEC 所做的那样。

"非凡"是一个动态的词语，在本书它的含义就是为你的社群成员尽可能提供最大的惊喜。身为企业家的达拉·布鲁斯坦在建立自己的组织 Network Under 40 时就抱着这样的想法。布鲁斯坦注意到，她参加的所有"社交"活动都让她觉得人们抱团排外，令人尴尬，并且充满功利性。因此，她决定每月举办一次"非凡"的活动，尽管其并没有任何非凡之处。

她让员工（也称为"大使"）穿上鲜艳的 T 恤，后背印有"让我们谈谈"的字样。这样，"人们可以找到他们，把他们当作礼宾员或是救生圈，从而从内心里体验到舒适感。"布鲁斯坦表示，"这些看起来并不让人觉得独特或有技术含量的安排真的很重要。在我们的姓名标签上，我们不再突出一个人所在的公司，而是突出一个连接点，这样你就可以找到帮助人们快速建立亲近关系的方法，比如创造一个合适的开场白。"

为了促进人们交谈，在每个活动中她和她的员工都会提出一个引导性的问题，每个人都必须在他们的姓名标签上写上答案。她说："这真的有助于你了解某人是什么样的人，而不只是知道他们是干什么的。一个人的内涵远比其职业重要，并且我认为，如果你能尊重这一点，你和他人将能够建立更深入的连接。"

她所做的是减少不适感，从而使人们可以专注于你希望让他们做的事：结识他人并建立关系。举个例子，如果你正在准备一个 AA 制的集体晚餐，那么"非凡体验"可能需要提前解决这个问题，算出每个人应支付的具体价格。我们都知道，一大群人一起付账可能是一个尴尬的时刻，并阻碍真正的谈话出现。我们都遇到过类似的情况。布鲁斯坦的公司举办名为"和 9 个人共同用餐"的早餐和午餐活动，提供固定菜单，固定费用服务，而她会在最后向每个人收取费用。

为什么"非凡体验"对超级连接者至关重要

我们的许多会员都告诉我们，YEC 的活动对他们而言是改变人生的重要经历之一，但他们在最开始的时候肯定没有这种感觉。

当我们 2011 年初次试水时，我们在毫无经验的情况下组织了一场老套的活动。活动是在我们某个会员的办公室举行的，我们为所有与会者点了午餐，然后大家围坐在一间普普通通的会议室里。但这还不是最糟糕的，当大家坐下来开始吃午饭时，房间里一片寂静。整个场面简直太尴尬了。

瑞恩首先要求会员们轮流做自我介绍，这个做法其实不错，但唯一的问题是，每个人的讲述大约只需要 5 分钟，30 分钟后，人们就开始在手机上查看电子邮件，或是茫然地盯着窗外昏昏欲睡。

为了缓解尴尬气氛，瑞恩随后要求成员们谈谈他们对 YEC 的看法，以及他们认为我们可以做些什么来改善大家的社群。"现在回想起来，这个做法简直太愚蠢了。"他说道，"我应该把谈话的重心放在我们自己身上，而不是把关注点聚焦在会员如何互动、在什么时候需要帮助，以及如何共同解决真正的挑战上。"

而且，当天参加活动的工作人员比会员人数还多。

活动结束后，瑞恩决定找出问题的症结，于是他向一些会员询问哪些地方做得不好。

下面是一个简短的总结。

- 会员们已经相互认识，他们并不需要人手一袋餐食，围坐在会议室的桌边见面。如果安排他们会见波士顿常规商业圈之外的新朋友，他们显然收获更大。
- 活动太正式。我们本以为活动最好有正式的结构，但最终却使整个体验变得平淡乏味。在一个更自然的氛围中与合适的人见面，轻松地聊天会更有吸引力。
- 极其无聊。这些类型的见面会一抓一大把，而我们的会员需要的是体验。他们中的一些人甚至提到，他们会很乐意为此付费。

尽管颇为沮丧，我们还是很感激这些反馈。它确实迫使我们从上到下重新思考了每件事。我们陷入了一个陷阱，设计了一个我们自己都不会参加的活动。那时我们才意识到，我们并没有创造出任何值得纪念或值得注意的东西，而只是增加了社交噪声。

如果你不相信我们，可以问问"社群公司"的项目总监摩根·布雷迪。她是一位专业的派对组织者，就是凭借创造非凡体验而挣得报酬。她清楚地记得那次聚会：

　　　一想到这件事我就浑身不舒服。我们收到一位会员的建议，邀请所有会员在他的办公室组织一场见面会。"太棒了!"我没有多想就同意了，而没有先仔细考虑细节，例如当时是7月中旬，我们一半的会员都已经离开办公室去度假；或是那种热乎乎的、自助餐式的意大利菜在仲夏是不是合胃口，是不是方便在拥挤的会议桌上享用。在那次活动中，我还得到一个深刻的教训，那就是：对于一个赠送或是免费的活动，至少会有40%答应出席的人最终不会露面，而这导致我们的工作人员比客人还多，这让每个人都感到尴尬。

她针对那次活动收到的一个反馈彻底改变了"社群公司"组织的各种活动。Pandemic Labs的联合创始人，YEC波士顿的长期会员，也是我们的好朋友马特·彼得斯告诉她，"为了社交而社交对我来说毫无用处"。"从那时起，我们组织的所有活动都旨在为社群成员提供一种完全量身定制的体验。"她表示。

那么，对摩根来说，这到底意味着什么呢？

我在我们的论坛中努力地广泛倾听，以确定人们面临的共同挑战，通过我们所有的数据点来发现人们去哪里旅行，他们要求什么类型的活动，他们参加什么样的会议，乃至他们的年龄和关系状态，以确定哪些类型的活动对大多数会员来说最有意义。我还会通过日常对话和社交媒体了解人们对哪些地方和什么事情感到兴奋。我们在做出任何决定之前，都会首先考虑我们的会员以及某个特定元素对他们的意义。最终，我们的线下见面活动和体验都经过精心筹划，以创造一个有利于交谈和连接的环境——并且都充满了乐趣。

从那时起，我们升级了体验。我们带着会员到世界各地，从潜水吧到世界上最受欢迎的滑雪胜地（当然，他们需要为此付费）。这些体验如此成功的原因在于，活动本身就能促成谈话自然而然地发生，并因此为相关人员带来出乎意料的机会。我们从失误中得到了一个深刻的教训，那就是只凭借一封电子邀请函和一个预订并不能创造一次非凡的体验。

我们现在正在做的是在创造历史和传统，在一个又一个活动中，我们会遇到同一批人，他们中的许多人都已经成为我们终生的朋友。人们创建的专属圈子、需求、传统、故事，以及自然形成的口碑效应，所有这些都创造出巨大的价值，使你成为一个范围巨大的影响力中心。但是——这里有一个大大的"但是"！——这绝非功利性思维的产物，而是归功于人们的体验，而这种体验的首要目的是为他人创造价值，是营造一种你能成为主要给予者的小环境，也是创造一个语境丰富、充满信任的世界。

不是每个人都要参加会议、晚餐或打猎这样的私人活动，他们的心目中可能对活动有自己的想法。连接者需要找到最适合他们的人脉资产。有时候，你可以利用既有的人脉资产（如会议等）实现自己的目标。有时候，你需要借助特定环境和特殊时机，正如一家初创企业的首席执行官杰森·纳扎所做的那样。纳扎住在洛杉矶，他总是尽可能亲自与人见面，尽管他认识很多人，如果他愿意，可以在一年中每天会见不同的人。当他来纽约时，他没有和几十个不同的人分别共进午餐，而是在时尚的肉库区标准酒店的餐厅订了一个私人包间大宴宾客。他审时度势，没有坐等山走过来找自己，而是主动去靠近山，[①] 这样他能同时见到每个人，而人们也能彼此见面。

　　一旦你建立了一个足够强大并且充满黏性的社群，它可能就会成为一个新的人脉资产，只与体验存在关联，而非其他任何东西。就像埃利奥特·比斯诺在他私人拥有的宝德山上举办的"巅峰"活动。

实用指南：循序渐进地创建"非凡体验"

　　不知你是否听说过那句俗语："不要去关注鸡毛蒜皮的琐事。"如果听说过，不要理睬它。关注琐事是超级连接者成功的根本原因；超级连接者对每一件"琐事"都无比关心。超级连接者所做的一切都经过精心考虑。所有那些你觉得随意、自发和未经设计的细枝末节都是因为幕后的精心策划。毕竟，细节是成功的关键。

　　超级连接者以在幕后点石成金而闻名。没有人知道 YEC 的每次活动背后需要做多少计划，需要进行怎样的细致考量和细节打磨。但正是由于在事前、事中和事后的每一个环节都有明确的目的，并

---

① 出自英文谚语"如果山不肯来到默罕默德身边，默罕默德就去山那边"。——译者注

且非常注重细节，我们才能将一个原本常规的活动变成一次难忘的
体验。

就像拍电影一样，每一次体验都要经过三个阶段：前期策划、
拍摄和后期制作。不管你是像我们一样主持一个会议，还是简单地
送出一件新浴衣，你都需要在事前、事中和事后进行仔细思考。

每个阶段由不同的元素组成。如果你遵循下面这些步骤，我们
几乎可以保证每个人都能创造一个令人惊叹和卓有成效的体验。

第一阶段：前期策划

为了便于讨论，让我们以一个会议为例。举办会议的初衷是将
来自不同地区的人聚在一起，建立人际网络并围绕他们共同感兴趣
的话题进行交流。但正如前文所述，这个模型已经不再有效。组织
这种大型活动如此复杂，并存在如此多不和谐的声音，你已经很难
找到真正的价值。

但这并不意味着人们不再参加此类活动，他们还会参加，这就
是为什么新的会议仍然层出不穷。这意味着会议这种形式不会很快
消失，那么为什么不利用它们来实现你的目的呢？

我们的许多活动常常和其他重大活动同期举行，如在奥斯汀举
办的西南偏南音乐节或在拉斯维加斯举办的国际消费电子展。我们
知道，很多 YEC 会员会参加那些活动，所以它们能成为我们面对面
连接的好时机。我们的另一个目的是为 YEC 会员提供比他们习以为
常的大型会议体验更好的东西，即从那个神秘的魔盒里变出来的东

西。因此，我们会为活动设计一个更亲密的环境，将人数限制在 60 人以内。而且，我们不会在令人生畏的大型会展场所组织活动，而是将聚会安排在某个不同的地方。这样，我们实际上为会员们提供了一种解脱。

人们非常喜欢这一点。几年前，斯科特曾在俄亥俄州克利夫兰的一次会议上发表了主题演讲。会议在一家高档酒店举行，上千人花了大价钱过来听他的智慧之言。其他的演讲人也都是大牌投资者和企业家，因此斯科特十分期待与他们见面。实际上，这也是他同意在此次活动上演讲的主要原因。只有一个问题：组织者没有安排任何活动让演讲者们聚在一起！什么都没有，甚至连一杯 V8 混合蔬菜汁都没有。斯科特简直惊讶极了。怎么能什么都不为演讲者做呢？让我们认清楚这一点：演讲者参加某个大型活动，通常并不仅是为了兜售他们的任何产品，他们还希望能结识其他的演讲者。但那次会议没有提供任何这样的机会。

于是斯科特遵循"斯科特原则"（即：毫不害羞、不害怕说出自己的想法），找到了活动的组织者，并问道："你们介意我为所有演讲者安排一个私人的即兴活动吗？"他主动提出自己出钱安排一个小小的酒会，不需要组织方做任何工作，他们只要同意就行。组织方对此十分兴奋，他们从来没有想到过演讲者会想要更多的东西。"放手去干吧！"他们说。

然后发生了什么？那天晚上，演讲者们并没有在喝完一杯啤酒之后散去，而是在一个私密的房间里聊了足足 6 个半小时。每位演讲者都热衷于认识其他演讲者，并坦诚地交流。在会议结束的时候，他们一致认为，演讲者的私下小聚会是活动的一大亮点，因而组织方决定把这个活动作为今后所有会议的主要环节。斯科特只花了 115 美元就建立起多个密切的关系，并为 YEC 招募到几位新会员。

借助一个既有活动的平台组织活动的美妙之处在于，你要吸引的是那些已经到场的人，因此对你来说就像一个额外增加的福利。此外，你还可以借此认识本地人，即全年居住在该地区的人，并因此建立具有高度价值的跨地域关系。简而言之，作为主要策划人，你的任务是选择少数几个你认为应该相互认识的人，并实现这一目标。这不是自发的事件，当你借助既有人脉资源时，你就会拥有极其丰富的背景信息来帮助你开展工作。你不仅知道人们希望实现什么目的，而且还知道他们为什么会在那里，因为许多人经常在社交媒体上坦陈他们参加活动的目的，或是提供超级连接者可以提取的其他有价值的信息。

你需要确保每位参与者在你的活动或聚会中都能有不同的体验，并认为它具有价值和值得参与，而且你必须确保你的活动不会给他们带来不便，这样会增进他们的体验或提供超越预期的体验。

当然，你不必完全依赖会议来提供某种令人惊喜的体验。还有另一种举办活动的做法是纳扎实践过的，即确定参与者。

在最开始的时候，你需要把中坚人物（然后是其他连接者）聚集在一起，他们将是宣传你的"非凡体验"的关键，当然，前提是活动确实成功和有价值。

第一阶段的主要工作是做研究。不是每个人都喜欢列清单或是做复杂的电子表格，而且这些也并非必要。如果在便利贴上做记录对你更方便，那就这么做好了，关键是你必须有条理，因为活动会涉及很多可变的因素，而那些都不是随机发生的。对参与者来说，它们看上去可能是随意发生的，但实际上，一切都经过了精心策划。

在提供任何体验之前，我们会"研究"每一个参与者，了解他们是谁，做什么工作。通常，我们会提前发送调查问卷，让他们在活动开始前填写并反馈给我们。他们希望得到什么？他们现在正在做什么？他们正在寻找什么？他们想见什么人？他们正在努力解决的具体问题是什么？我们在活动后也会做类似的反馈收集工作（稍后会详细介绍）。

我们还会让每个参与者在活动之前就知道还有谁会参加，这样做只是为了给他们提供一些活动的背景信息。我们会给每个人发送邮件，上面有每个参与者的名字、头像和领英的个人资料，以及有关此人的一个有趣事实（例如，他在七年级时曾获得弗吉尼亚州吹泡泡糖冠军！）。超级连接者的角色有些类似礼宾员，充当每个人和团体内其他人之间的联络人。显然，这是一个最佳位置，因为钥匙掌握在你手里。你认识所有的参与者，他们也认识你，你是纽带，整个活动的成功与否都取决于你。

我们经常使用一个名为 GroupMe 的应用程序，在活动前几天让与会者通过应用内的聊天功能进行连接。这样做真的很有帮助，特别当有数百人参加的时候。它能消除任何活动前的不适感，帮助参与者建立信任，并且再次让人们了解背景信息。当活动实际举办的时候，人们已经熟络起来，并感到非常舒适。他们彼此了解，而我们更加了解他们。尽管我们不负责每一条文本信息或聊天，但我们仍然是整个网络的影响力中心。我们不想太感情用事，但这样做的确有助于建立和谐和积极的氛围，而感觉或情绪是推动一个活动或体验取得成功的决定性因素。

座位安排也是我们会事先仔细筹划的事情。只要有可能，我们尽量在活动中不设固定座位，因为没有什么比困在一个你并不想理睬的人旁边更糟糕的事了。然而，在某些情况下，当我们举办需要固定座位安排的活动时，我们会使用事先收集的数据将应该相互了解的人放在一起。也许他们有某个共同的兴趣，或者一方是某领域的专家，而坐在他旁边的人则正在努力学习相关内容。或者，根据我们团队发现的潜在协同效应，这两个人可能会成为潜在的合作伙伴。我们并不会告诉他们为什么会被安排坐在一起，只会告诉他们这样做是出于某种特定的原因，因而好奇自然而然地产生，谈话也会随之发生（当然，如果他们找不到原因，我们在稍后也会告诉他们，但即使这样也是一个更好的发现方法，因为你已经有了足够长的时间与对方交谈）。

杰森·纳扎在他的晚宴上是这样解决这个问题的：他只允许人们在一个座位上坐 15 分钟，或者最多只能吃一道菜，然后要求他们换座位，就像是"抢椅子"游戏，只不过其目的是鼓励人们与尽可能多的人交谈。

如果我们确实面临安排座位的问题，我们总是把自己安排在中心位置，以便能够看到和听到我们周围的所有对话。只要可能，我们就尽量避免使用 8 人以上的大桌，以便我们能够方便地参与每个谈话——并且，在必要情况下为互不相识的人做介绍。从这个角度看，我们的角色有点像空中交通管理员。

第二阶段：体验

　　如上所述，人们可以提供一百万种不同的"非凡体验"：你们可以去钓鱼，可以组织一场小规模的晚餐，也可以花一个晚上品尝你所知道的每一种波旁威士忌，或者聚在一起玩一晚上宾果游戏。具体做什么活动并不重要，也没有什么所谓的万全之策，你只需要确保活动不同寻常，并尽可能消除"偶遇陌生人"所带来的紧张感。你越是严谨地把一切都安排得天衣无缝，你就越有可能使所有参与者（包括你自己）取得成功的结果。这里有一个简单的数学公式:（好的人 + 好的环境 + 好的语境）- 紧张感 = 非凡经验。

　　正如我们之前讨论的那样，我们会提前做好一切，安排好全部细节，但对参与者来说，一切都感觉很自然，而不会感觉过于僵化和正式。不仅每个受邀者知道他们在我们的某个活动中会遇到谁，我们的团队同样如此。我们会培训员工如何介绍客人认识彼此。我们从一开始就会积极地做介绍，以便第二个客人到达后就知道他们应该与谁交谈。所有人对此都很满意，并且深知其价值。

　　在大多数见面活动中，参与者往往会把最初的 30 分钟花在试图寻找值得交谈的对象，或是思考他们为什么会来参加活动上。我们正努力改变这种情况。对于大多数参与者来说，他们的目标是认识更多的朋友，我们通过为他们提供便利，有效地帮助他们实现这个目标，帮助他们完成了破冰行动。

这么做同样对我们大有帮助。通过为参与者提供便利，他们能更清楚地感受到我们的良苦用心。这种效果相当于你进入酒店房间的一刹那，惊喜地发现里面有一瓶香槟和一盒歌帝梵巧克力正等着你。

除了做介绍，我们还喜欢做一些出乎客人意料的事情，以创造意外的机会。你需要让参与者保持注意力集中，以便让他们感觉到自己所经历的一切的惊喜之所在。我们曾为我们的一些活动请来专业的调酒师，或是让客人们品尝世界上最好的龙舌兰酒，并教他们感知细微的差别。埃利奥特·比斯诺在其"巅峰"活动中会邀请演讲嘉宾并提供各种活动。比斯诺邀请过一系列世界知名的思想领袖发表过演讲，其中许多话题都非同寻常，比如在大海中给鲨鱼打标签。谁会想了解如何给鲨鱼打标签？人人都争先恐后地参与其中。因此，我们鼓励你找到自己独特的方式。

以乔恩·利维为例。他提供了一个结构化的正式框架，使参与者能够以人本身，而不仅仅是以他们的职位和头衔相互连接。他提出一个要求，所有客人直到晚上活动结束前都不许询问彼此的身份，从而确保人们在完全平等的基础上交往。因为所有人都需要完成一个共同的任务：烹饪。所以他们的外在荣誉并不重要。不管你是露华浓的首席执行官还是24小时便利连锁药店的小职员，你们都必须要把肉烤熟，把鸡胸切片，因而每个人都处在一个公平的环境中。利维的活动让人们回归人的根本，从而消除了人们对自己在生活中地位的不安全感所带来的恐惧。

作为一个连接者，你的工作就是要尽量避开那些无聊的外在幻象，带领人们回归本真。

记住：超级连接者不是一个参与者！我们只是活动的引导者，或充其量是活动的背景。许多人总是试图把所有的事情都连接回他们自己，这正是连接者应该尽力避免的，尤其是在他们自己的活动中。作为一个连接者，你提供的体验绝对不能带有功利性，因为这会破坏这种体验所代表的真实性，并可能在以后对你产生负面影响。

在埃利奥特·比斯诺的"巅峰"活动上，他和他的团队亲自为所有客人端送食物。比斯诺会自己亲手分发食物和把碗碟送回厨房。这是一个很好的姿态，一种谦逊的表现，也是体验的一部分。另外，这是一种与房间里每个人都能互动的方式。要结识某个人，还有什么比亲自给他送上一份羽衣甘蓝卷更好的方式吗？

"我们想创造出那种露营的感觉，"比斯诺指出，"我们想让活动具备真正的集体感。而且，这么做让活动感觉像是一场家庭晚宴。居高临下地站在一旁，坐等别人为你服务的感觉并不好。我们觉得自己是社群的一员，这是一种超现实的体验：组织活动的团队还会亲自为你端茶送水！"（作为回报，他们会要求所有的客人都亲自清理自己用过的餐盘。）

在我们在犹他州某个滑雪胜地为 YEC 会员举办的年度聚会活动中（不允许带配偶或孩子），斯科特会手拿一瓶波旁威士忌在人群中穿梭，不停地和每个人交谈和喝酒。他就这样认识了每一个人，而且令人迷惑的是，他在当晚并没有喝得烂醉如泥。（你可以聪明地小口啜饮，没有人会注意到的。）

这种形式的会面能增进真诚坦率的交流。"人们绝不会在新闻节目里这么交谈。"斯科特说，"如果你正在与职场性别歧视或是破产问题做斗争，你肯定最希望听到别人坦诚的想法。然后你就会意识到，一个非凡体验并不需要一定与某一件非凡的事情相关。它真正关乎的是当时的情境和所涉及的关系，以及建立在体验基础之上的信任，而这些能激发起真诚的交谈。"

在我们的活动中，我们还帮助人们分享他们所在专业领域的知识和经验。在许多"社交"活动中，人们在房间里四处溜达并做自我介绍。通常，主持人会说一些俏皮话，比如，"不要说起来没完啊！"每个人都被逗笑，然后人们就一个接一个滔滔不绝地说个不停。简直无聊透顶。

为了避免这种情况，我们将所有参加我们活动的人做自我介绍的时间限制在 30 秒之内。我们要求你告诉我们你的名字，你的公司，你需要帮助的一件事，以及你的专业领域。就这样，直截了当、切中要害，它足以向房间里的其他人传达相关的信息和可以为他们所用的背景。你并不需要把自己的简历完整地背下来，或是像犹太受戒礼上的男孩那样诵读一段经文。

看，超级连接者的工作就是放大语境。我们知道，多数人都不知道如何向别人提问题，人们也不善于谈论对他们来说重要的事情。我们仍然处于影响力中心，而其他人变得对彼此更有价值，这是一个多赢的局面。

斯科特也经常会在某人自我介绍后再为他说几句好话。他们可能只是说了一些小细节，但斯科特可以提炼升华。所以，如果有什么不同寻常的信息，他会大声传播。他说："当我把这些消息说出来时，它们是有效的和适当的。它既显示出我在认真倾听，从而让对方感觉良好，同时也为房间里的每个人提供了更多的背景信息。我可能会说，'约翰刚刚卖掉他的公司，大赚了一笔'，或者'萨利刚刚成功完成了 B 轮融资'，或者'马克刚刚成功地在《纽约时报》上搞定了一篇关于他的公司的特写文章，你们都应该去看看'。"当然，他之所以知道所有这些信息，是因为他对每个人都进行了研究，或者曾经进行了相关的语境对话，从而使他在合适的时机可以帮助某个人做宣传。

对比斯诺、利维和我们的活动而言，还有重要的一点，那就是它们都是长期坚持的。利维的晚餐活动每个月都会在不同的城市举行；"巅峰"活动在不同季节内会每周举行，每年都有丰富的体验；而我们的会员都知道，我们在犹他州伊登市举办的为期三天的 YEC Escape 活动，每年都会在"超级碗"周末举行。这种长期的坚持有助于形成传统、自然的故事和亲和力，而且，从长远来看，怀旧能够直接引发推荐。

在我们的活动中，我们很少谈论生意，唯一的例外是，如果一个会员找到我们，并告诉我们希望在未来如何与我们合作。即使在这种情况下，我们也会恭敬地回复，我们希望在那次活动后再找时间跟进并详谈。我们的逻辑很简单：如果他们的体验是一流的，那么我们成功发展合作关系或业务关系的可能性会大得多。

第三阶段：体验后

大多数活动的组织者之所以失败，是因为他们认为他们的责任在活动结束后就结束了。这是不对的。这个原则适用于会议、感谢信、礼物，或是任何东西。

在大门关上，我们和客人挥手道别之后，我们的工作还在继续。因为现在是我们开始跟进的时候了，我们要确保参与者见到了他们想见的每一个人，或是我们认为他们需要见的每一个人，同时也要了解什么效果良好、什么没起作用，并据此适当修改我们的"非凡体验"公式。

在所有 YEC 活动结束后，我们都会跟进参与者，向他们发送一封电子邮件并问他们一系列问题，如：你是否见到了自己想见的所有人？如果没有，我们现在是否可以帮你做介绍？你还有什么需要了解的吗？关于下一个活动你想了解信息吗？我们能帮你做点别的吗？

我们还想知道哪些部分是有价值的，哪些是需要我们改进的。什么取得了不错的效果？什么没有？在听了他们的谈话和我们提供的背景信息后，如果合适，我们会提供额外的支持和资源，或是提供当时没有出席活动的人员的联系方式。

我们通常还会在活动后发送所有参与者的列表，以便每个人都可以进行后续联系。

这种体验并不会以当天的"晚安"而结束，相反，它会持续下去，而你将被视为影响力中心，并确保每位客人都能得到最大回报。

第十三课

整合所有信息

本书中的所有超级连接者至少有一个共同点：每个人都惊人的自律和言行一致。他们维护关系的方式和体系各不相同。虽然使用不同的平台，但他们都会定期，甚至每天都虔诚地构建、打造和维护他们的平台体系。

超级连接者的一个神秘之处在于，没有人真正知道我们到底是怎么做成事情的。即便你知道出身伦敦东区的男孩史蒂夫·西姆斯成功地见到了他想见的人，并与首席执行官、工作室负责人，甚至国家元首相谈甚欢，但你并不知道他为什么能让这些人总是第一时间就想到他，并能够成功地维护这些关系。

这是件好事！事实上，这样是最理想的。观众并不需要看到《汉密尔顿》没完没了的排练，他们只需要看一场完美呈现的百老汇演出。

这同样适用于超级连接者。人们并不需要知道秘制酱汁是怎么调出来的，他们只需要知道酱汁就在自己面前，而且味道好极了，每个顾客都希望得到更多。

在本章中，我们将向你展示如何像调美味酱汁一样整合所有信息，我们将解释我们如何把我们掌握的所有信息和所有联系人加以组织。

重新思考如何使用技术

技术为世界做出了许多美妙的贡献，它使我们能够连接得更快和更远，触及那些我们原本可能无法联系到的人（例如推特上首席执行官之类的大人物）。但是，技术不应该完全取代现实生活中的互动。问题是，我们已经允许技术几乎取代了生活中全部有意义的东西，甚至比《杰森一家》做的都彻底！技术应该意味着一种增强，而你将永远无法用你的推特消息取代深厚的关系。

在我们看来，技术应该为你的生活、业务和流程增添人性，而不是移除它。你在做每件事时，都应该找出最好的方法来传递你作为人的情感，而不是去贬低它。你应该表现出关心和价值，而不是使交流变得快餐化、一次性，变成自我推销式，或是堕落成为不经大脑的一大波表情符。

然而——这一点很重要——我们最有价值的一些商业关系是从网络开始的，而且至今仍依赖数字化的联系，我们的人际网络中也有一些人与我们从未见过面。尽管如此，他们为彼此提供了巨大的价值，因此我们将他们视为可信赖的连接。

真正重要的不是你使用什么工具来进行连接，而是你使用该工具的方式，包括内容、语境、策划和连接。例如，使用电子邮件列表服务作为通信机制可能看起来已不再时髦，但如果这是你要连接的受众的首选平台，那么这就是你应该使用的平台。

在技术发展的整个历程中，由于过度追逐利润和推销者众多，从脸书、领英到电子邮件等各种通信形式都受到影响，并导致大多数人远离它们。我们没有使用这些技术来推进我们的谈话和社群建设，而是另辟蹊径，努力寻找如何使用新技术，而不拘泥于对最初的意图修修补补。更疯狂的是，对于大多数使用这些策略，比如用大量电子邮件去轰炸他们联系人的人，如果你问他们"你自己会读那样的东西吗?"或是"这种类型的东西会吸引你吗?"他们往往会给出否定的答案。

大多数人都会鼓吹和参与一些我们自己并不相信的活动，因为我们中的许多人已经成为"这就是正确的方法"心态的牺牲品。但如果我们是接收者，我们就不会这样做。这就是我们需要破解的难题。这个逻辑适用于所有平台。

连接者对技术的认识和应用与大众有所不同——确切地说，在下面五个方面有所不同。连接者借助技术来吸引、研究、聚集、增强和组织。然而，他们并不会将其当作广告工具或自我推销的平台（试图通过大众营销技术吸引人们来到你身边），或是借助技术建立深厚的关系。你可以在网上建立有价值的人际关系，其中一些可能主要以数字化的形式来维持，但它要求你对如何使用技术做出不同的思考——超越大多数人在网上展示的光鲜亮丽的外表，为人们提供有关你更柔软的真实一面，从而建立真正的连接。下面让我们一项项地加以阐述。

吸引

吸引，即吸引某人注意力的能力。要想取得成功，关键是要真实，不讲肤浅的废话，这是真正关系形成的基础。这种关系是停留在网络上还是转变成其他东西，完全取决于你以及你新建立的关系。这一点对内向的人而言尤其有效。

媒体公司 CMXMedia 的首席执行官戴维·斯宾克斯是个典型的推特控。他说："我是推特早期的用户之一，它在我的职业生涯中一直是一个非常宝贵的人际交往工具。它令每个人都处于平等的位置。我年仅 19 岁，但我会关注那些大名鼎鼎的首席执行官，阅读他们的博客，然后我会在推特上回复他们，向他们提问，或是挑战他们的某个说法，并因此开始一段有思想的对话。他们不知道我有多么年轻或多么微不足道。他们会做出回应，而我也因此成功地与并没有业务往来的人建立了联系。"

斯宾克斯不是把推特用于娱乐目的，也不是希望借此成为修道士俱乐部 ① 的一员。"我借助它来获取信息和将它作为与我尊敬的人

---

① 修道士俱乐部于 1904 年成立于纽约，是一家私人俱乐部，其初衷是把演员们组织在一起，应对商业欺诈和不公，成员主要是活跃于百老汇舞台上的演员明星和社会名流。——译者注

联系的一种方式，"他说道，"我用它来建立社群。"

他的脸书群组也是如此。他的公司在脸书上的 CMX Hub Group
已经成为最受全球社群建设者喜爱的社群之一，他们通过这个群组
来聚集、分享知识和交换宝贵的资源。

研究

技术能帮你更好地找到那些你想了解的人，或是收集有关将在
近期内会面的人的语境信息（即那些你很熟悉的人的近况，或是那
些你还未见过的人的背景）。社交媒体还可以向你展示你想认识的人
对外分享的日常情境。在当今这个信息爆炸的世界中，个人和他们
所属企业的众多信息在网络上触手可及，因此你在和某人坐下来见
面之前没有理由不了解他的基本情况。对于那些你找不到答案的东
西，你则可以事先准备好问题。

你可能会认为，在和某人初次见面之前先搜索关于他的信息有
点像跟踪狂，但事实上，这恰恰是你在会面前应做的功课。领英是
一个很好的开始了解某人背景的平台，但我们也很喜欢查看搜索结
果中的"新闻"部分，以了解对方最近是否被某个媒体采访过，或
者他们自己是否在某个颇有声望的平台开设了专栏。当我们最终见
面时，我们通过这个快速搜索行动所获得的知识，会让我们更好地
和对方进行交谈。

另外，每个人——的确是每个人——都是这么做的。根据在线
声誉管理公司 BrandYourself 的调查，每天都有 10 亿个名字在谷歌

上被人们搜索。75% 的人力资源部门被要求在聘用之前先在网络上对候选人进行搜索研究。你猜怎么着？根据他们在网上发现的信息，有 70% 的人曾因之做出过拒绝聘用的决定，而 85% 的人认为积极的信息影响了他们的聘用决定。换句话说，你的声誉非常重要。

聚集

聚集就是将你的人际网络或社群的不同部分聚集在一起，进行有深度的知识分享和价值交换。

正如我们上面提到的，斯宾克斯已经创建了他所在行业（社群建设专业人士）中最强大的知识交流网络群体，并且所有这些在初期都是免费的，只借助了脸书这个平台。如今，它已成为一家成熟的企业，拥有多种收入模式，包括培训、咨询、研究和活动，并与全球最大的一些公司开展了合作（脸书上的 CMX Hub Group 拥有 6 000 多名会员，每个月都有数百名新会员加入）。

增强

一旦基础建立，你就能够与那些已经接近的人保持更好的联系，并随着时间的推移增强你们的关系。

Bluefish 的首席执行官史蒂夫·西姆斯使用文本和电子邮件与他人联系。他经常使用视频文本，即拍摄和存储一个视频，然后将它们发送给他人。他解释说："你能接收到我的能量、我的声音。对我来说，录制一段视频比打字要快得多，而它包含了很多沟通的要点，比如语气、风格、激情，以及我的心情。我可以在一个地牢中录下一段视频：'嘿，我们有段时间没说话了，我真的很想你……'"

不久前，作为一位狂热的摩托车手，西姆斯收到了一套新的赛车服，其图案的设计师是约翰·布拉斯，他设计并绘制了迪士尼《美女与野兽》中的"野兽"一角。西姆斯发现，赛车服的图案设计与自己的脸颇为神似。他们两个人此前已经有好几年没有见过面，所以西姆斯决定做点什么。他回忆说："我在客厅里穿着赛车服喝了一杯威士忌，并且录了一小段视频发给他，虽然我没必要这么做，但谁知道将来会发生什么事呢。"

事实上，这是非常好的一步，因为它为西姆斯和那位设计师提供了一个完美的重新建立联系的理由。所以你可能应该列一个清单，列出所有你想重新联系或想保持联系的人，然后——显然没什么可犹豫的，就去联系他们吧。

组织

你有没有听到过"更聪明地工作，而不是更努力地工作"这句话？生活黑客（life-hacking）的狂热拥趸都将其奉为圭臬，而这种哲学也同样适用于管理你的关系。客户关系管理只是可以帮助你做到这一点的一个特定技术类型，你要想取得效果，不一定非要赛富时（Salesforce）这样一流的、自带复杂花哨功能的系统才行，一个中等水平且毫无经济负担的产品，如德里克·科伯恩使用的 Contactually，也可以帮助你做到这一点。

你拥有无数选择，应用客户关系管理系统只是构建社群的众多方法中的一种。例如，你还可以使用一个名为 Boomerang（回力镖）的工具，让 Gmail（谷歌邮箱）提醒你何时应该跟进某人，我们的朋友杰森·盖格纳德就是这么做的；或者，你也可以使用一个名为 Mixmax 的类似插件，极大地强化 Gmail 的功能，我们的朋友杰拉德·克莱恩内特就对它极其信赖。

瑞恩·贝西亚是一名销售和营销主管，他有一种新颖的方式来管理自己的联系人。除了标准的筛选词，他还喜欢根据人们怎样以最好的方式帮助他人来为他们贴标签。他说："这使得人们更加容易与他们正在寻找的东西建立连接。"

尽管按照人们所属的行业为他们贴标签也不错，但贝西亚认为他的系统对于突破我们所建立的"快速判断"文化大有帮助。他说："人们的头衔并没有办法告诉你他们的整个故事。"例如，贝西亚认识一位财务顾问，其客户恰好是职业运动员。贝西亚指出："给他贴上金融的标签并不能客观地评判他。"（他把这位客户归入"体育"类。）

第十四课

保持人际网络的主导权

在外人看来，在你自己的人际网络中掌握主导权是件轻松自然的事，但许多人认为他们需要昂贵的甚至定制的软件或工具才能实现这一目标，或者需要某个功能齐备的系统。这种想法简直是大错特错。要做到这一点，简单是制胜的关键。简单易用的工具的效果远远超过你能想到的功能齐全的工具。人们往往会被漂亮的东西分散注意力，从而试图以糟糕的方式对其加以使用或是偏离自己的初衷。你需要抓住根本问题，并确立正确的框架来训练自己。

记住，没有完美的工具或"正确"的方法来解决这个问题，任何对你有用的方法就是值得使用的好方法。你要做的是试验不同的工具，直到找到让你感觉最得心应手的那一个。

最好的超级连接者已经创建了模板，这样，他们只需轻松几步，就可以与他们的人际网络中的对象连接。

　　瑞恩·麦兹纳是两家公司的联合创始人，这两家公司分别是纽约应用软件策略设计和开发公司 Fueled，以及现拥有 7 000 名邀请会员、发布职位空缺和简历的脸书群组——斯隆的清单（Sloane's List）。他说："如果想成为一流的连接者，就必须首先做到这一点，因为他们必须建立起一个系统，无论是无形的还是有形的，以实现连接。因此，当他们达到某个阶段，随着联系人数量的增加，他们就必须对其系统进行某种意义上的产品化，可能是创建一个脸书群组或者一份内部通迅，或是以其他方式提高系统的效率，就像是他们在生活或业务的其他方面所做的一样。"

　　值得一提的是，麦兹纳不是一个特别有条理的人，这正是他创办"斯隆的清单"的初衷。他和另一位创始人考特尼·迈尔斯不断收到来自他们人际网络的电子邮件，请求他们帮忙寻找工作或寻找候选人。

　　麦兹纳说："我很乐意帮助这些人，但我经常爱莫能助，因为我并不擅长在脑子中记住这些需求。而从本质上讲，我应该成为一个连接供需双方的中介，能够脱口而出：'哦，好，你正在找一份做市场营销的工作，太棒了，三个月前正好有人招聘你这样的人。'于是，我向考特尼谈到我的沮丧，而她也提到了同样的困扰。"

　　他们最终创建了"斯隆的清单"，把他们收到的所有请求汇总在一个地方。（斯隆是他当时正在约会的一个女孩的名字，这位姑娘当时失业了，正在寻找新的工作。）"这是建立一个工具来解决一个问题的方法，"他表示，"开始时，只有我和考特尼把我们收到的所有请求粘贴上去。然后，当人们再向我们寻求帮助时，我们会回复，'实际上，我已经建立了一个可以帮助你解决问题的社群，我已经在脸书上向你发出了邀请，这里有一个链接，你可以直接点进去发帖'。"

亚当·里夫金创造了他的"五分钟恩惠"，让自己承担责任并成为一个有效的给予者。但我们想再次强调，这背后并没有什么魔法，有的只是长期坚持。最终，如果你坚持某件事足够长的时间，它会变成你的第二天性，你会不假思索地去做。

分类管理你的社群

成为人们第一个想到的人，换言之，保持相关性，是超级连接者的立身之本。如果有人遇到问题需要解决，你需要成为他们第一个打电话找的人。在 YEC，如果有人正在为某件事而倍受困扰，比如说人事问题，我们希望他们会说，"哦，让我和斯科特或瑞恩谈谈！"如果是这样的话，意味着你已经成为对方百宝箱的一部分。你成了在他们需要时可以去寻求帮助的人，在他们采取行动前一定会联系的人。这是一个很棒的位置。

不过，如果你是一个超级连接者，认识成百上千的人，那么记住每个人的情况可能极具挑战性。

你首先要搞清楚的一件事就是如何对联系人分类。例如，你是否已经为科技圈人士或是收入超过一定数额的首席执行官单独分了类？创建一个坐标系统并标记联系人分属哪个类别可以帮助你悄悄地追踪不同社会领域和其他你所在的有影响力的领域。细分有助于你加深与他人的关系，并建立与其相关的语境。

迈克尔·罗德里克是企业家咨询公司 Small Pond Enterprises 的创始人，他曾是一名高中英语教师，后来成为百老汇的制片人。他在转型阶段组织了近 2 000 次一对一的会议，尽可能多地与来自不同行业的人交谈。

为了让一切顺利推进，他使用了电子表格。是的，千真万确。罗德里克说："我有一个电子表格文件，上面列出了我曾介绍过并感到可以信赖的人，我在电子表格中备注了他们的工作和他们的不同需求。然后，每当有人来找我说他们需要什么时，我就会搜索电子表格。实际上，我会在电子表格中搜索关键词，并找到适合的类型。这样做使得我很容易就找到适合的人，将他们联系起来，并通过那个特定过程为他们提供某种帮助。"

他确实有一套系统，但并不是你想象的那种复杂系统。除了联系人的姓名、认识的场合、讨论的话题等常规内容，罗德里克还设置了一个备注栏，记录下大多数人从专业角度不会谈论的所有事情。他说："我会有一个备注栏，记录着一些对不同的人来说很重要的小事情。这让我有能力在某人提到某件事时加以搜索并找到它，所以这个备注栏绝对是我最有用的工具之一。"

他还创建了一个评分系统，他称之为"ABCD 系统"。

A 是指支持者（Advocates），这一类人更注重帮助和支持你。

B 是指有来有回者（Boomerangs），是指"那些更具功利性，更倾向于拉关系的人"。

C 是指名人（Celebrities），指手下有团队或是有一定知名度，在另一个圈子中可能对其他人有所帮助的人。

D 是指消耗者（Drains），指那些在其生活现阶段"想要的很多但愿意贡献的很少的人"。

他说："把联系人分好类后，我就可以开始按照四个类别进行筛选，看看自从上次和我的"支持者"交谈后已经过了多久，因为他们通常都不会主动为自己发声。他们从来不会向我要求任何东西，那么对我来说很重要的就是要去主动问他们，'最近过得怎么样？有什么需要帮助的吗？'因为他们通常不会自己开口要求，对我来说和他们交往就一定要采取主动。"

顺便说一下，罗德里克之所以制定出这个分类标准，是因为他意识到，他开的那 2 000 次会议其实可以分为三类：

第一类是他所谓的"蒸汽压路机会议"。在这些会议中，另外一方占据了整个会议的时间，不停地向他推销自己的服务或产品。

第二类是"双向推销会"。"他们会问我是做什么的，并会问我是否可以推荐一些客户。他们也会告诉我他们是做什么的，并告诉我他们认为哪些客户值得推荐。除此之外我们基本上没有真正涉足任何其他领域。"

第三类则被罗德里克称为"很棒的谈话"。他们不仅谈论了职业相关话题，而且他真心喜欢这些谈话。他说："当我进行这些很棒的谈话时，他们往往对我所说的一切更感兴趣，并愿意在不同领域提供帮助和支持。"

意识到这一点之后，他决定为每个会议分类，并为会议中的另一方标记一种性格，即一个"原型"。他说："一旦你注意到模式，你就可以开始为自己开发框架和原型，这会大大简化你的生活。"

同样，这可以作为指导方针和分类方法，但这并不是需要严格遵守的章程。你的系统需要为你服务，而最关键的一点是要确保你的数据可以在任何设备上都能轻松访问、即时搜索和高效组织，以确保你能够方便地使用搜索引擎得到所需的内容。

时间管理

除了极富有条理之外，罗德里克还是一位出色的时间管理者。不过，所有最好的连接者都必须如此，他们要腾出时间去帮助别人（他们当然很乐意这样做），但他们也会为自己留出时间。当你成为大联盟级别的连接者时，会有更多的人努力吸引你的注意力。当然，你不希望失礼，但你也不想把时间花在那些没有明确要求的人或是那些你并不看好的人身上。

亚当·格兰特花了很长时间认真考虑了这个问题。对他来说，一个连接者需要对你应该帮助谁、应该如何帮助他们，以及应该何时帮助他们都要深思熟虑。格兰特说："我们发现，失败的给予者总是试图帮助所有人在任何时间提出的所有请求，他们最终牺牲了自己的成功，因为他们耗费了太多时间和精力去帮助别人，以至于不能及时处理自己的工作。他们会被更多自私的人利用，同时他们最终的贡献也并不是那么有效。"

而成功的给予者能够认识到自身的局限性。他们知道自己不能无差别地帮助每个人，重点是要有选择性，即选择你要帮助的人和你帮助他们的程度。格兰特说："重要的是首先完成你自己的工作，并告诉对方，'我需要留出时间完成自己的目标'。当然，我会留出时间来帮助别人，但也不会无限度地去做，这样我才不会为了突然冒出来的各种请求而放弃我的全部日程安排。"

德里克·科伯恩留有 25 个对不同的请求说不的电子邮件模板。他并不是个吝啬鬼，他希望能帮上忙，但他希望确保自己是做这件事的合适人选。

> 我必须先要知道谈话的目的以及我是否能为他们增加价值，在此之前，我不会花时间和任何人见面或交谈。在创建这些模板之前，我会收到这样的电子邮件："嘿，你能在我的播客上做嘉宾吗？你能为我的网站写一篇特约博文吗？我能向你请教一下吗？"有时候，尤其是当我知道对方是什么样的人时，我一点都不想回复那封邮件，我的感觉是：我能说些什么？我怎么做才能显得客气一点？

所以，我的一些邮件模板上会说："谢谢你主动联系。我目前正专注于几项非常关键的重要项目，基本上不可能再腾出时间。假如我能够提供帮助，你能否告诉我有什么特别想讨论或是需要我建议的问题吗？"在大多数情况下，他甚至根本不会再收到回应！

"那些人甚至不知道他们想要什么，他们只是太闲了，所以想和人见面，"他说道，"我知道我的回应真实地反映出我的为人，并且符合我一贯的回复方式。"

我们经常开玩笑说，我们职业生涯中最重要的人物是我们的助手斯蒂芬妮和凯丽，她们是我们的无价之宝，比我们的家人还了解我们的行为习惯。她们知道我们什么时候有空谈话，什么时候不可以；她们都知道如何在各种情况下为我们安排会议；知道我们常去的咖啡馆，让我们不必穿过整个城市去见某人。一起喝杯咖啡需要多长时间？30分钟？1小时？我们都有自己的偏好。例如，斯科特将大多数通话时间限定在15分钟之内。他说："如果一通电话不能在15分钟内打完，那意味着我们应该见面谈。"

更重要的是：我们的助手知道什么时候可以破例。她们接受的训练使她们清楚地知道，如果对方是某个大人物，比如首席执行官或是其他有影响力的人，那么我们会非常乐于上门造访。如果这个人是我们一直努力想认识的人，什么也别说了！只要能见到他，我们愿意去任何地方。

杰森·多尔西是一家专门研究千禧一代和Z世代的咨询顾问公司代际动力中心（Center for Generational Dynamics）的总裁，喜欢在别人喜好的地方和他们见面。每一代人都有其不同的偏好，"对某一代人来说，会面可能意味着'让我们见面喝杯咖啡'；对另外一代人来说，可能意味着'让我们打个电话或是在社交应用Skype或Google Hangout上见面吧'。对那些想建立有意义的关系的人来说，诀窍是看到自己在结交新朋友时的偏好或模式，并愿意改变它以结识新朋友。"换句话说，如果你更喜欢领英，或是去参加社交聚会或高管云集的正式会议，那就是你的偏好。一旦你意识到这一点，你就可以有意识地选择不同的方式，这样你就可以在新的地方结识新的人。

适应人们的偏好对你也有益。"那些面对自己希望结交的对象能够主动适应对方偏好的人，在安排会面和建立新关系方面往往更成功，因为他们的做法对其想交往的人来说压力更小，"他指出，"每一段关系一旦开始就有了它自己的动力，但你在一段关系开始时越是让对方为难，就越难有机会与他们建立长期的关系。"

多尔西承认，对任何一代人来说，由于已经习惯于以某种方式与他人交往（例如通过短信或 Snapchat），在最初这么做时都会感到不太舒服。但是那些灵活的人才是最有可能建立各种友谊的人，而一旦友谊的大门打开，世界将变得更有意义。

建立和维护正式的团体

正如你需要为自己的人际网络分区并搭建框架一样，你还需要另一个框架来管理和创建正式的团体或体验。

首先，你需要确定团体的内部规章制度。你是想制定一目了然的书面规则，还是因为面临更多难以界定的情况而只能确立约定俗成的规则？你是在运营一个有着明确参与规则的脸书论坛，比如"斯隆的清单"，还是在组织一个只限于受邀客人出席的私人宴会，比如乔恩·利维的晚餐？或者它更像是一个面向会员的社群，比如 YEC，其活动和在线讨论都有明确的指南和政策？

清晰明确的规则

你必须清楚地说明组织的规则。对一些团体，如"巅峰"活动，其成员在参加某些活动时或是在活动体验的某些地点不允许在社交媒体上发布任何内容。

在 YEC，我们有一个非正式的"不做浑蛋"的规则（这实际上是一个正式的规则，只是没有白纸黑字地写下来而已）。

当然，我们只是在开玩笑，但你必须考虑这些事情。显然，"浑蛋"这个词的定义非常主观，一个人眼中的"浑蛋"，对另一个人而言也许就是"救世主"。我们认为它就像色情电影一样，你只有看到它，才知道自己的感受。

在超级连接者的世界里，谁是"浑蛋"一目了然。他们通常是那些一眼就能看出只想服务自己利益的人。你知道我们指的是什么样的人——那些完全没有团队精神，只是一味索取、索取和索取的人；那些在向你寻求帮助时眼疾手快，却不愿意以同样的方式回报你的人。你知道，那些人就是：浑蛋。

好消息是，"浑蛋"的保质期不长。更好的消息是，我们之所以成功地在我们的社群推行这个政策，正是因为我们不必强制推行它。社群成员会告诉我们界线在哪里（即什么情况下你是个"浑蛋"！）。如果你有一个坚固的团体，大家心意相通、态度一致，当很多成员说"这样越界了"的时候，你就可以记下来：这样越界了！

尽管这样说了，最好的社群仍是那些制定规则并严格遵守它们的社群。你必须确保规则得到执行，并且不打折扣。参与的规则是什么？你希望你的社群公开代表什么？当人们谈论你的人际网络时，你希望他们怎么说？例如，当他们谈到 YEC 时，他们通常说我们是"全国最有影响力的青年企业家组织",我们非常喜欢这个定位。

在我们通过"社群公司"与合作伙伴建立的多数团体中,我们都不赞成任何性质的过度宣传,包括团体成员所写的博客帖子,他们的公司提供的交易或折扣,他们给慈善机构的捐赠链接,等等。这并不意味着我们否认这些东西在适当的环境中有价值,他们只是不适合我们的团体,因为人们加入这个团体的初衷,正是为了远离那些破坏他们社交媒体体验的噪声。

我们极力避免任何可能影响会员之间良好关系的事情。在"社群公司"的群组中,政治是一个禁忌性话题,同样属于禁忌性话题的还包括"吐槽供应商"。如果你和一个供应商有过不愉快的经历,我们的群组并不是发泄的地方。为什么?因为在我们管理的这个人脉关系广泛的社群中,不可避免地会有人认识这个供应商公司的某个人(或者某个人实际上就是那家公司的员工),因此这么做可能会带来不那么美好的体验。记住,我们用的词是"吐槽",而不是"寻求帮助"。通常,如果一个成员就其遇到的某个与供应商的问题找到我们的支持群组,我们总能找到与该供应商有联系的人,而问题会得到解决。显然,做到黑白分明并不总是那么容易,我们不可避免地会经常遇到一些灰色区域,但这并没有关系。

确保规则得到遵守

你应该如何确保人们遵守规则?让他们从第一天就清楚了解规

则是一个很好的起点。一个可行的方法是在新成员加入时向他们发送个人欢迎信息，并非常清楚地说明规则。在"社群公司"，我们会向新成员发送一份包含所有指南的详细文件。当然，不管怎样，总有人不可避免会违反规则，而这时你必须介入并提醒他们，他们正在做的事情不合规则。如果你在一开始就制定了基本规则，他们就不会说"哦，我不知道!"而如果你不能从一开始就进行恰当的沟通，那么极有可能到最后你将不得不删除他们的帖子。

"斯隆的清单"也有会员必须遵守的规则。他们非常认真地确保这些规则得到遵守，但其实做起来并不复杂，这些规则主要是为了保持一致性，在出现问题时确保有适当的协议来保证问题得到光明正大的解决。

当瑞恩·麦兹纳和考特尼·迈尔斯创建"斯隆的清单"时，他们最初选择加入的会员是那些属于他们"中小圈子"的人。麦兹纳说："我们认识的人会了解我们的意图，并发布合适的职位而不是错误的职位。然后，我们给予网络中每个人权利，允许他们邀请自己人际网络中的人参与，但每个邀请都会排队等待批准。每一篇帖子也同样如此。"一切都受到管控，不过比较轻松。

麦兹纳表示："每篇帖子都必须使用统一的风格，包括标题。如果有人试图发布一些与此不符合规则的内容，我们会拒绝发表，并给他们留言，说明规范和期望是什么。"如果他们再次试图违规发帖，麦兹纳或迈尔斯将会考虑将他们彻底踢出群组。职业介绍顾问也会被踢出群组，如果发布"不当"工作机会，比如无报酬国外工作机会，也会遭到同样处理。他表示："我们会核实该账户是否合法。如果发现有人行为不端，我们就会把他们踢出群组。"平均每个月都有一个人被踢出去。

我们当然知道，对别人说不或是把他们从名单中删除非常困难。作为社群建设者，我们自然想让我们的成员高兴，但是一定不要害怕在你创建的团体中坚持原则。想想这样做的更大益处吧！大多数团体之所以没有真正为其成员带来价值，是因为没有人在掌舵，而你需要戴上船长的帽子，并确保你的小船行驶平稳。

选择合适的平台

人们都拥有不同的闪光点。有些人非常擅长一对一的沟通，有一些人则在数字平台上更加游刃有余，还有一些人是营造气氛的高手，在宴会活动上表现出色。你的重点应该是找出什么领域最能展示你的优势，然后在其中大展身手。那应该成为你的主要平台——你闪闪发光的地方。这并不是说你不能使用其他平台，而仅仅意味着作为一个领导者，你应该从你最自信的地方起步。

定期安排活动以确保沟通不断，从而使团体保持自主成长的活力。假设你正在打造一个脸书论坛，你知道在每个星期四，你都要确保登录这个社群。如果你正在寻找员工，那么在星期四发布员工招聘帖。让星期四成为你的特定日子。为什么要这么做？因为你其实是在构建一个体系，不断坚持以同样的模式提问或发帖，以便创造一种模式，而这可以帮助社群慢慢拥有自主成长的活力。

第三部分

人脉 + 行动 = 赢 + 受欢迎

世界上最美好的感觉之一，就是有人因为对你足够认可而在某件事情上推荐你。有别人替你做广告，而你不必做任何事，这是一件多么美妙的事情。

第十五课

管理自己的社交声誉

每次你被介绍给新朋友或主动联系他人时，他们干的第一件事就是在谷歌上输入你的名字进行搜索。这意味着谷歌搜索首页的结果可能会导致这段潜在关系能否成功建立。

想想看，搜索你的结果可能令人振奋，满满排列着有料的内容、新闻报道和社交媒体帖子，或者搜索你的结果可能没提供多少信息，甚至更糟糕的，在某些情况下，搜索你的结果可能只是基于过去轻率行为或不实传言的负面消息。

重点是，我们并不是说你应该使用黑帽 SEO 策略（一种不被广泛认可的搜索引擎优化作弊行为）来清理你在网络上的足迹，我们是想强调，如果你准备花大量时间建立和培育关系，那么你最好能确保自己也能够呈现出最佳数字足迹。简而言之，人们花 5 秒钟进行的谷歌搜索查验结果对你而言非常重要。

声誉管理不仅对你的形象很重要，而且人们通过了解关于你的内容还能产生一种更温暖、更友善的第一印象或互动。新闻报道或博客文章上关于你的内容，以及你所分享或发表的内容可以描绘出一幅图画，帮助对方了解你是谁和你的立场是什么。它能够放大你的关注点。关于你的确切背景信息可以帮助你想认识或结交的人迅速对你有一个基本了解，从而在你们相识的最初阶段获得更大成果。它还可以提高人们结识你的兴趣。在一个忙碌的世界里，一个没有数字足迹或是足迹稀少的人很难让其他人给予"优先权"，而相反的情况则让你有机会给人留下完全不同的第一印象，同时这个第一印象也能够确保你与他人的交往更富有成效。

声誉非常重要。你说的每一句话、做的每一件事、发布或点赞的每一条推特或帖子，都在向他人广而告之你是个什么样的人。不管你喜不喜欢，其他人都会非常严厉地评价每一条消息。数字世界不会轻易原谅任何人。如果你不相信我们，去问问曾出现在乔恩·罗森所著的《千夫所指：社交网络时代的道德制裁》[①]一书中的任何人吧，这本书的内容是关于那些因为一条错误的推特，或是一幅标题不当的 Instagram（照片墙）照片，或是一个不合时宜的笑话，从而几乎毁了自己生活的人。

你也可以和我们的好朋友皮特·基斯特勒谈谈，他对此有着丰富的经历。基斯特勒是声誉管理公司 BrandYourself 的联合创始人，

---

① 译名参考九州出版社 2016 年中译版。——译者注

他创办这家公司纯粹是出于自救的需要。基斯特勒快大学毕业时，像大多数大学生所做的那样开始申请工作。他是个好学生，因此觉得自己肯定会得到一些工作机会，但出乎他的意料，他没有收到任何回复。他搞不明白这到底是怎么回事，于是上网做了一些调查。

然后，他发现搜索引擎的搜索结果中全是有关另一个皮特·基斯特勒的消息，但这位皮特·基斯特勒并不是一个正在努力寻找初级职位的勤勉的年轻学生，而是一名罪犯。当雇主们在谷歌上搜索"皮特·基斯特勒"时，他们看到的不是一个即将大学毕业、准备在商界大展身手的优秀青年，而是另外一个有犯罪前科的人。并不是每家公司都会仔细区分这是不是两个不同的人，他们所关心的只是有一个叫皮特·基斯特勒的人是危险分子，所以他们不想让这个人和自己的公司有任何瓜葛，连做清洁工都不行。

退一万步讲，这也是一个令人不安的体验。但它激发（好人）皮特·基斯特勒做了两件事：一是试图修复他的声誉，二是与他的朋友帕特里克·安布隆共同创办了BrandYourself。安布隆说："现在，我们所做的一切都会永久记录在网上，这意味着我们需要更多工具来确保它不会对我们造成伤害。我们现在拥有追踪和存储所有活动的技术。这意味着我们在脸书或推特上发布的所有内容，以及我们搜索的每个词条，我们访问的每个网站，我们进行的每一笔在线交易和我们通过短信或即时通信工具进行的每个对话都被存储起来。你在多年前发布的一条脸书状态更新可能最终会导致你被解雇。更可怕的是，你发送给朋友的私人电子邮件或消息——即使你已经将其删除——也可能会突然反咬你一口。

这里面的逻辑非常简单：如果你的网络声誉一塌糊涂，那么你很可能不再有出头之日，或是和人有见面的可能，或是任何机会。听上去很可悲，但我们每个人和丧失他人的信任之间，都只隔着一个糟糕的谷歌搜索结果。

你还是不相信我们？看看下面这些由 BrandYourself 提供的统计数据吧：

- 82% 的企业决策者表示，在通过网络搜索审查他人时，搜索结果是一个影响因素。
- 42% 的美国成年网民会首先通过搜索引擎查找某人信息，然后再决定是否与他们做生意。
- 27% 的人曾经在网上搜索过他们在专业场合（如社交活动）中认识的人。
- 23% 的在网络上搜索过他人的美国成年网民曾经搜索过他们的同事。

如果你没有注意过你在网络上呈现给他人的形象，那么在很大程度上你是将自己的命运交由运气的安排了。那么，我们从超级连接者身上学到了什么？他们在任何事情上都决不会去撞大运和碰机缘，或是把希望寄托在类似的巧合上。如果你不去掌控自己在网络上的形象，其他人就会这么做。换句话说，你必须负责讲述你自己的故事，因为这归根结底将是人们在搜索你的名字时看到的内容。你肯定希望它们是积极正面的。

好的语境与坏的语境

在今天这个时代，如果你是商界中人，很有可能你已经在网上留下了糟糕的足迹。我们已经感受到，这深深地伤害了我们的生意和个人关系（更不用说我们的自尊），因为没有人希望听到自己的名誉遭受巨大的打击。

但是，在处理关于自身不那么令人高兴的信息时，有正确的方法，也有错误的方法。举个例子，几年前，红迪网上突然出现一个帖子，一个 YEC 的潜在会员询问是否有任何红迪网用户认为加入我们的组织是值得的。这个帖子吸引了几条尖刻的评论，其中包括诸如"你的钱完全打了水漂"这样"暖心"的论断。哎呀，这真令人沮丧和痛苦，尤其因为人们在红迪网上通常匿名发言，我们甚至没有办法验证那些留下尖刻言论的人是否曾经或现在是我们的会员。我们完全相信他们是网络喷子，但是能怎么样呢，你根本没法证明。

我们能做什么呢？我们可以选择进行自我辩护，但这只会让评论者的话更加可信，我们也可以选择完全忽略它们，但这会让我们看起来满不在乎，而我们实际上是在乎的，而且是非常在乎。我们知道这一类的帖子在搜索结果中往往排名靠前，如果不加以处理，它们一定会产生不必要的杂音。

于是，我们采取了一个折中的方式，瑞恩对每一条负面评论都做了回应，大致内容如下：

很抱歉听到你作为会员迄今为止拥有不太愉快的体验。我在我们 YEC 的会员数据库中并没有找到乔治·克鲁尼，因此我想这是你的昵称。非常希望能和你通过电子邮件直接联系，看看我们能做些什么来让你获得应有的良好体验。请随时给我发电子邮件到……我们一定会圆满解决你的问题。

瑞恩的目的是直面负面评价，同时以友好的方式指出他无法证实自己是一个真实的会员。这个回复还向其他看到帖子的人展示了我们真的非常关注对客户的支持，以至于公司的负责人主动出面回复。本来并没有人指望能收到来自某个"高层"的认真回应，他们也不认为真有人会试图倾听，但瑞恩做到了。

你还会注意到瑞恩的回复中没有做任何辩解。"那样做只会让事情雪上加霜，并引来更多的批评，"瑞恩说，"人们不喜欢被指责犯错，尤其是当他们真错了的时候，尤其是在网络匿名的情况下，因为他们不需要对其行为负责。"

在他评论的最后，瑞恩还针对所有搜索 YEC 并碰巧看到这条红迪网帖子的人留了如下信息：

我是 YEC 的联合创始人之一，很高兴与任何对成为我们会员感兴趣并有问题的人进行沟通。你可以给我发电子邮件到……我会坦诚地告诉你我是否认为 YEC 会为你和你的生意带来价值。

时至今日，瑞恩当时花在写回复上的几分钟时间，每个月仍至少给他带来几个潜在的 YEC 会员，并为他带来数万美元的新业务。

与其因为糟糕的评论或语境而气愤不已，还不如变挑战为机会，利用它们来展现你真正的立场，把话题引到你想要的方向，并借此描绘更准确的画面。

糟糕的语境

瑞恩的回复是为"糟糕的语境"添加"积极的语境"，从而化被动为主动的一个好例子，而一个典型的让糟糕语境雪上加霜的例子可能是，你和一个素未谋面的陌生人在推特上吵架。众所周知，推特具备高度的可追踪性，它永远存在，即使你把内容删除，它仍然会留有痕迹。任何内容一旦发布出去，就永远收不回来了。你显然不希望面对这样的情况，尤其是当你的回答在事后让你后悔不迭时。

斯科特对此深有感触。曾经有人告诉他，他在生气的时候可能有点吓人。2012 年，我们发起了 #FixYoungAmerica（解决美国青年人问题）的运动，我们对此特别引以为豪。#FixYoungAmerica 是一项倡议，还有一本同名书，其目标是激励青年人和领袖们共同努力来点燃我们所称的"创业革命"。

在《纽约时报》刊登了一篇有关此事的报道后，美国知名的网络杂志《沙龙》写了一篇跟进性报道，长篇大论、直截了当地抨击了斯科特和 YEC。这是一篇蛮不讲理、观点片面的文章。但斯科特没有采取瑞恩的方法，而是在文章的评论区里上演了一出公牛闯进瓷器店式的发飚大戏。他不但对记者和文章进行反击，还攻击了回复他评论的人。斯科特说："我当时如此激动，以至于瑞恩不得不打电话提醒我住手，不要再发布任何回复。现在回过头去看，我当时真是愚蠢至极。我看起来既不成熟又小家子气，我的行为引起了许多只会让情况更加恶化的反应。由于我极其糟糕的处理方式，我引发和导致了糟糕的语境。"显然，如果你任由其发展，糟糕的语境会导致产生更多更糟糕的语境。

不过，他得到了一个教训："永远不要做任何使别人会误解你的为人的事，"他说，"有时候，声誉管理的重点，是看人们说你是一个什么样的人还是不是一个什么样的人。"

你应该坚持不懈地讲述自己的故事，以便人们相信和认同你的故事，并转达给他人。你的声誉不应该建立在强迫性的或精心打造的营销信息之上，相反，它应该是自然、简单和令人信服的。换言之，它应显示出最好的你，因为它是真实的你。

亚当·格兰特说："声誉是一个人的核心部分，它是别人眼中的你。对声誉来说，最重要的并不是亮点、名声或是优势，而是真诚。"

什么样的声誉管理才算成功？

你越是能提供有关你个人及你的关注点的丰富的信息，就越能帮助别人全面了解你。这将有助于他们在和你见面前就更好地知道你的为人和你关注的东西，并可能会使你们的会面更加顺畅。

同样，它也可以使其他人选择不与你会面，因为他们没有看到和你有共鸣之处。时间是如此宝贵，所以我们越早知道这些越好，以免把宝贵的时间浪费在自己并不想做的事情上面。

BrandYourself 的帕特里克·安布隆指出："有些事情会突然出现，并严重伤害到你的事业；但无论你喜欢与否，你在网络上的形象越好，你就越具有优势。在竞争某份工作时，胜出的并不总是最好的，而是那些既优秀又善于自我推销的人，因为现在我们实在太依赖网络了。"

安布隆说，研究表明，如果你能呈现出四五个突出的亮点，那么你的机会就能够迅速增加。同时，一个污点也足以颠覆你的职业生涯。

那么，你应该做什么来管理你的声誉呢？除了那些显而易见的事情（例如绝不发布愚蠢的帖子），你还应该积极主动，"即使你认为自己没有什么可隐瞒的，或者你非常负责任，"安布隆表示，"因为任何人都可能遭遇麻烦，并因此损害他们的职业生涯。"此外，任何人都可以在网络上发表有关你的任何言论，不管是真是假。

既然你想要对外界关于你的评价保持警惕，你必须经常在网络上搜索一下你自己。如同好人也会遇到不幸一样，网络噩梦也会找上好人。不要不当回事。别在某天登录后突然发现全世界都认为连辛普森的名声都比你好，结果惊恐万分，你应该在这种情况出现之前采取行动。

首先，你要检查网上已有的关于你的内容。安布隆说："很多人甚至没有意识到他们面临的某些风险，所以先用谷歌搜索一下你自己，然后浏览你的社交媒体账户，并尝试删除那些可能引发危险的内容。"什么样的内容应该引起你的警醒？比如你在曼哈顿大街上的裸体摆拍或街拍照片，或者你使用的带有偏见或性别歧视的语言。

他说:"很多人完全没有意识到,他们在朋友的页面上或是类似的地方发布的一些玩笑话,网络上的每个人都能看得到。"

其次,在全面评估了已经发布的东西之后,你应该确定一个行动方案。删除那些负面的内容,如果没有办法删除它,那么你需要确保用积极的内容来替换那些不想留下的信息。"只要你有条不紊地进行,每个月花一两个小时检查一下你曾逗留的那些网络平台上的内容,就会产生很大的帮助,"安布隆表示,"只要你不是面临一些异常复杂的情况,每个月只花两个小时就会大有帮助。"

当基斯特勒和安布隆试图对基斯特勒在网络上的存在进行彻底改造时,他们选择了10~15个他们认为对他很重要的平台,包括他的个人网站(petekistler.com)、推特和领英。Medium.com 是另一个非常不错的平台,你在上面发布的内容翔实的帖子会在谷歌搜索中排在前列。作为一名音乐家,基斯特勒还构建了自己的 SoundCloud 和 YouTube,在这两个网站上发布的一些歌曲或视频也会获得不错的排名。

基斯特勒为两个在谷歌搜索中排名靠前的网站——雪城大学官方博客 iSchool 和个人品牌博客(Personal Branding Blog)免费撰写特约博文,分享他对个人品牌建设的见解。他表示:"通过撰写深思熟虑的内容并在成熟的平台上发布,我受益于这两个网站在搜索引擎中已经建立的权威。通过将它们链接到我最新创建的'个人概述',我为这些新的个人概述引入了额外的相关性。我在这些网站上的特约博主简介中排名也很靠前,这对我来说非常有利,因为人们可以很快找到我的文章,并看到我正在我擅长的领域内积极撰写有用的内容。"

　　随后，这两个网站在重要位置补充了关于他的正面信息，确保列出他所从事的项目以及相关的信息、照片和视频。安布隆说："你应该确保提供丰富的内容，以便能让谷歌确定它是一个相关话题丰富的信息来源，在本案例中，皮特的名字就是相关话题。"

　　做完这一步之后，你还需每月花几个小时的时间，通过撰写博客、推特和演讲来保持内容不断更新。在基斯特勒的案例中，"这么做使他真正拥有了理想的结果"。

　　但是有一点要多加小心：很多人认为他们必须在推特、脸书或Instagram上表现得非常活跃，所以他们每天都会发布新的内容，并开始发布水帖。你猜怎么样？他们的声誉反而会受到重创。或者更糟的是，他们一开始来势汹汹，但随后过度消耗了自己，以至于最终变得悄无声息。"你会发现人们认为他们必须无处不在，"安布隆说道，"但这有时候会阻碍他们建立声誉。"

如何建立你的个人网站

　　如果我们听起来有点像你妈妈，请原谅我们，但我们确实希望你的钱能花在刀刃上。瑞恩最近指导了一位年轻的企业家，他花了2 000美元建立了一个网站，仅仅是为了"建立自己的品牌"。这不是他的错：他对技术一无所知，不知道现在建立一个网站如此简单，你的祖母都能做得到。因此，他被一家网站开发商所骗，购买了在他业务早期阶段根本不需要的东西。（这是一个很好的例子，说明在你身边有一个强大和多元化的社群多么有价值。如果他早一点认识瑞恩，瑞恩就会帮助他丢掉这个错误的想法。）瑞恩会告诉他："恕我直言，这么做并不明智。"

瑞恩最近为了本书的出版而重建了他的网站，一共花了 46 美元。他在 ThemeForest.com 上找到了 WordPress，然后掏出他的信用卡，几分钟后，他就得到了一个已经完成 99% 的新设计，剩下唯一要做的就是安装它，而这个主题的制作者很乐意帮助他完成这一步，并且不需要额外付费！为此事花 2 000 美元实在是拿钱打水漂。

但这位年轻的企业家更关心他网站的外观和感觉，而不是他要表达什么和想分享什么内容和语境。他浪费了大量时间和金钱去建立一个图片精美的网站，而不是走出去，建立自己的社群，培养关系和发展生意。这是许多人在创建网站时会犯的一个错误，无论他们是出于商业目的还是出于个人品牌目的。而这种严重的错误往往会导致"发射失败"的时刻。

以下是构建个人网站时需要考虑的关键点：

内容：它都说了什么有关你的内容？是否诚实地陈述了你是谁，并迅速告诉网站的访问者你想让他们知道什么？

美观：它是否看起来赏心悦目？上面是否有一张你的照片看上去很专业，或至少与你想呈现的个人风格一致？例如，你在瑞恩的个人网站 ryanpaugh.com 上看不到他西装革履的商务照。他的照片是坐在一家餐馆里，头戴无檐小帽，啜饮着美味的黑啤酒，嘴唇上方留着一圈泡沫。这表现了他是谁，和在他的世界里他想呈现的模样。而你，也许是这样的人，也许不是。

连接点：它是否清楚表明人们如何以及为什么要与你连接？如

果你的网站没有做任何事情来将你与受众及其带来的机会相连接，那么你显然遗漏了重要的东西。它们通常被称为"行动号令"，应该是你网站上最突出的图形之一。人们的注意力应该受到其吸引，就像苹果手机对大拇指的吸引一样。

社会认同：我们在下文将更深入地谈论这个话题，在这里想先强调的是，社会认同是一种证据，证明人们是他们口中所说的那种人，也是值得信赖的生意伙伴。在斯科特的网站 scottdgerber.com 上，他列出了有关他的所有新闻报道，确保人们能立即看到他的信誉度，并能从经过验证的消息来源（而不仅仅是他的家人或瑞恩那里）了解到他的所作所为。

不过，你不需要成为媒体大亨来展示你的社会认同。举个例子，瑞恩在媒体上的曝光度远不如斯科特，但他用与他共事多年的同事们真诚翔实的证言填补了这个空白。在某些方面，这也是一个更符合瑞恩人设的策略，因为真实世界中人们所说的话对社群建设更为重要。因此，想想为了让你的网站从谷歌搜索中得到更大的帮助，你还能创建什么内容。正如安布隆之前提到的，搜索引擎会在全网搜索定期更新内容的网站。例如：

博客：如果你能管理一个博客，并保持每月至少更新一次，那么博客是一个很好的方式，可以让你的网站获得搜索结果排名所需的持续活跃度。

附加页面：增加网站深度也会有帮助。一个标准的"关于"页面固然不错，但是我们已经看到人们更进一步，创建了有关自己的"有趣事实"页面，或是创建一个资料非常翔实的页面，满满列出有关某一个话题的干货信息，从而努力在该话题相关的搜索排名中名列前茅。

搜索引擎优化，或是疯狂的谷歌排名提升办法听起来可怕，但有很多基本的操作技巧其实同样有效，并且适用于 99.9% 的人。如果你使用 WordPress，你甚至可以下载一个插件，比如 All in One SEO（多功能搜索引擎优化），它可以为你完成大部分工作。

第十六课

你是内容的创造者还是管理者?

连接者的目标不是让他们的大名响彻宇宙,而只是希望能被那些与他们拥有共同目标和价值体系的目标人群所知。换言之,触及"正确"的社群。

每个人都应该创造出属于他们的某种形式的人脉资产,不管是基于原创内容还是引用内容——更重要的问题是选择使用适当的媒介。哪种媒介最适合你的受众:写作?播客?视频?信息图?草图笔记?

加里·维纳查克是一位畅销书作家和天使投资人,他还是维纳传媒的首席执行官,他认为人们一定要确定哪种类型的内容最适合自身的技能。如果你的口才比文采好,那么你应该考虑做一个播客。如果你是一个专业的涂鸦者,那么也许你应该把你的信息画成图画，并将你的独特想法发表在偏重视觉的平台上，如 Instagram 或 Pinterest（拼趣）。但是应记住，你提供的内容是为了观众，而不是你自己。如果你以令人惊叹的网络广播而闻名，那么请继续做下去。维纳查克还认为，企业家们应该根据发布平台来定制内容。

此外，你还需要知道自己是哪种类型的人。你是乐于为你的人际网络搜集分享最好的内容，还是自认为是这种高价值内容的创造者？

内容的管理者和创造者都非常重要。管理者可以化繁为简、去伪存真，并提供汇集精华内容的宝贵服务，但你必须在这方面非常出色，才能吸引人们的注意力。

创造者有能力带来新的思考或想法，从而创造大量价值。但同样地，如果你对此并不擅长，则你只会制造更多的噪声。我们建议人们认真选择适合的媒介来创造内容，因为它会留下记录。

亚当·格兰特订阅的一些时事通讯没有一条是根据编撰者的个人喜好来推送的，而是他们收集的格兰特感兴趣的话题。他说："我非常尊重他们对我应该阅读什么、观看什么和收听什么的判断。这是元共享（meta sharing）：引导人们关注更多东西和吸收最有价值的精华。"

一篇发人深省的文章可以为有需要的人提供实战性和可操作的建议，并在多年内为你和你的生意提供稳定支持。它可以使你成为一名思想领袖和一个值得尊敬的生意伙伴。格兰特说："人们四处逡巡，相信只要他们能遇到更聪明、更了不起和更重要的人，他们所做的事情就会有所改善。而事实是，除非你首先能够产出一些有趣和有意义的东西，否则你很难接触到这些人并向他们学习，而有趣的内容是吸引他们注意的原因。人们总是说，'重要的不是你懂什么，而是你认识谁'，但我会说，'实际上，你认识谁往往是由你懂什么决定的，或更进一步说，是由你分享什么决定的'。"

如何建立社会认同

口口相传——以及网络口碑——是商界人士最好的朋友，这已经不是什么秘密。只需想想我们在审视产品时会参考的所有选项。想预订酒店？看看人们在猫途鹰上都说了些什么。想找个好医生？看看健康评级。如此等等。这些点评是证词，可以帮助人们做出明智的决定。

我们访问这些网站是因为我们想参考其他用户的意见，我们希望参考他们的建议，告诉我们应该去哪里，或更重要的是，千万不要去哪里。（企业很清楚这一点，这就是为什么它们有时会提供奖励措施，鼓励你替它们说好话。）

人们同样也需要社会认同，如果没有这种社会认同，生活会变得更加困难，尤其在你想提升事业的时候。

从核心意义上讲，社会认同是在网络上传播的能够给予你某种证明的内容。它不仅仅是你在自己的个人网站上使用的标志或是你的电子邮件签名——它们当然能够增进社会认同，但不代表社会认同本身。社会认同是指外界有关你独立存在并且可以证实的东西，你无法交换或是购买社会认同，虽然展示和包装它们的能力非常重要，但你要首先获得认同。

还记得杰拉德·克莱恩内特给基思·法拉奇发的一封毛遂自荐式的电子邮件吧，当时他已经拥有相当不错的资历。他手头有一本书，《20亿未满20岁的年轻人》（*2Billion Under 20*）即将由圣马丁出版社出版，还曾就他的研究发表过TEDx演讲。此外，他与几家风投支持的初创公司的合作也非常成功。他给法拉奇的第一封邮件"显示了作为一位TEDx演说家和新生代作家的社会认同"。他说道："我认为，这让我脱颖而出，把我和涌入他收件箱中的垃圾邮件彻底区分开来。"

与法拉奇的合作则使他获得更多信誉。"他最初向我提供了他的推荐和支持，"他说，"而我得以根据我为他所做的工作完成了一个案例研究。"

社会认同有多种形式：也许是成为某个知名平台的作者，也许是获得它们的报道，也许是获得某个奖项或荣誉，也许某位知名人士撰写了有关你的故事。

不管你做什么，一定不要试图伪造社会认同，这样很可能弄巧成拙并给你带来麻烦。你也不应该使用"无益"或"没有说服力的"社会认同。有些人非常渴望在他们的网站放上一个标志或其他东西作为证明，因而会不加选择地将一些曾报道过他们的网站放上去，尽管这些网站根本毫无知名度或影响力。这样做一定会适得其反。你最好花足够的时间，先做出拿得出手的业绩，然后再找出什么能真正代表你最好的一面。社会检验包括正负两个方面，你肯定不希望得到负面的版本。

"人们应该建立真正的能力，并以良好的声誉来支持他们的个人品牌,然后再去努力推广他们的个人品牌,"克莱恩内特表示,"你应该首先在自己所处的行业中取得令人印象深刻的巨大工作成就,随后再考虑让很多人知道。如果这二者同步发生,那当然太棒了。"

以撰稿人的身份"推销"自己

我们曾与很多专业人士合作,他们认为内容营销平台是一种刺激业务发展的好方法,但他们对其运作方式的期望却是错误的。大多数人认为,通过在一个知名媒体上发布内容,流量会自动涌向你的网站,而人们也会对你能提供的任何价值都感兴趣。这个想法是错误的。

事实上,大多数内容几乎不会给你的网站带来流量,从而让任何有这种期望的人都相信,创建内容完全是在浪费时间。这当然不是真的,但我们理解那种沮丧的感觉。

当你寻求媒体报道时,你对最终成品并没有发言权。你无法控制记者的写作角度,也不知道他们个人对你的专业知识或你要说的话会有怎样的感受。然而,作为一个撰稿人,你可以用自己的语言表达你的想法(只要与你合作的编辑认为它们有价值,并且不是软文)。

斯科特的早期职业生涯完全围绕着与媒体平台或博客建立联系,并就他感兴趣的话题撰写颇具价值的内容(他的关注点:青年企业家精神)。然后,这些内容吸引了记者和电视台主动过来联系他,希望对他所写的内容和他的专业见解进行报道。通过发表自己的想法和言论,他得以具体地表达自己的观点,同时,随着他的内容不断精练，他接触更强大的博客和媒体平台的机会也迅速增加。他始终如一的观点帮助他打开许多扇大门，并为他带来强大的社会认同。

人们常常在时机尚未成熟时过早地试图向媒体推销自己，结果对方完全置若罔闻。记者们都希望自己采访的对象拥有深厚的资历和有新闻价值的故事。通过从自己的平台起步，然后逐步成为一个撰稿人，你就能够逐步树立自己的公众形象，拥有自己的故事，并得到其他人的认可，而这些认可反过来又能让你获得更具声望的组织的关注，从而形成良性循环。

要成为一名撰稿人并非易事，但在今天，随着媒体格局的不断变化，这当然不是不可能完成的任务。随着媒体寻求新型盈利的商业模式，他们努力使用更少的员工来增加他们的页面浏览量和广告收入，从而使媒体越来越多地借助投稿人来交付高度相关和有价值的内容。

当你撰写了文章或是制作了播客、视频，或你喜欢的任何媒体形式之后，最好做一些研究，找到有投稿项目的媒体平台上的合适编辑并主动联系他们。你不一定要从世界上最顶尖的媒体平台开始，而是可以逐步向上提升。一定要证明为什么你的声音和观点是有新意的，以及它们为什么会在当前形势下与观众产生共鸣。斯科特在撰稿人尚未流行的时候就开始主动出击，他没有任何新闻专业背景或特殊渠道，但经过两年始终如一的努力和发展关系，他最终成为数十家媒体的撰稿人，从美国有线电视新闻网到《华尔街日报》，再到《福布斯》杂志。这会给你带来有价值的署名文章，在这些文章中你对最终内容拥有更大的控制权。与此同时，媒体平台是在网络搜索时排名最高的网站，因而对搜索引擎优化非常有效。在谷歌搜索中，大多数媒体网站都是排名靠前的佼佼者，因而可为你提供强大的曝光度、社会认同和可供分享的优质内容。

我们最具影响力的文章之一是斯科特为《赫芬顿邮报》撰写的一篇博文，文章阐述了为什么专业组织将成为出版商的下一个重要前沿。在寻求发稿的过程中，我们的许多潜在伙伴都读到了这篇文章，尽管文章并没有获得上万次的浏览量，但它得到的几千个浏览量高度集中于一个特定人群，而那正是我们想会见和认识的目标人群。另外，当潜在的合作伙伴考察我们时，他们会发现这篇文章署有斯科特的名字。在他尚未跨进对方大门之前，他已经让对方知道了他的信仰体系，即他关心什么和在做什么，等等。这使得最初的互动更加热络和友好。

面向撰稿人而非专职作者进行"推销"

如果你还记得，杰拉德·克莱恩内特曾登上2015年9月6日《今日美国》的一篇专题文章，这篇文章称他为"人脉最广的千禧一代"，尽管他在刚开始时，在商业界的唯一人脉是一位前白领罪犯。他是怎样赢得这样一个大媒体平台的关注的呢？通过和作者交朋友。他强调说："在那篇文章刊出前，即我们开始建立友谊的时候，我并不知道他是一位作者。这次经历可以提供几点值得学习的地方，其中之一是，不要仅仅因为他们可能会给你带来一笔生意而去见别人，而是要与适合的人建立真正的友谊。"

克莱恩内特清楚地知道，比谁写了这篇文章更重要的，是它在哪里发表。最初，他"推销自己的主要对象是撰稿人，即那些为不同媒体平台，如《今日美国》《福布斯》、*Inc.* 或《企业家》撰稿的自由职业者"。他表示："这些人不同于专职作者和记者，他们还有其他工作。如果你能与他们合作，共同打造关于你的文章，或是你能作为专家出现的文章，那么你实际上是在为这些撰稿人提供服务，帮助他们制作优质内容，从而通过帮助他们获得流量来发展他们的个人品牌，并在这一过程中节约他们的时间。"

利用知识缺口建立声誉

艾比·宾德在规划自己的职业生涯以及如何花钱方面也非常明智。宾德经营着位于密尔沃基和波士顿的外部装修公司艾比窗业。艾比已经运营了 12 年，被认为是业内最优秀的公司之一。一旦人们从震惊中恢复过来——没错！——她是一个在男性主导的领域内创业的女性，顾客就会喜欢上她。她诚实、直率、公平，她的名声反映了这一点。

她还开始主持一个月度广播热线节目，解答人们关于如何改造他们的住房或公寓的各种问题。在很多情况下，这些打进电话的人最终会转变成客户，还有许多听众也是如此，这些人把她看作住户改建领域的权威，因为她主持着一档电台节目。但秘密是，任何人都能做到这一点。没错，说的就是你！

人们认为这些机会只属于特权阶层。好吧，人们会犯错的。宾德和其他像她一样的人只是有胆量主动出击去和人们交谈并大胆提出一个问题，然后看会发生什么。如果你也想主持一个广播节目，你大可以出去寻找，保证能成功。你必须问自己的一个问题是，这是一条正确的途径去结识我想遇见的人吗？如果答案是肯定的，那就太好了！走出去，勇敢无畏，并为自己努力争取。

宾德还参与了密尔沃基当地电视台另一个以观众来电为主的节目《维修先生》（*Mr. Fix It*）。她回忆说："一位来电观众房子的顶棚倾斜了，于是她请人把它掀开了，现在她的阁楼变得异常潮湿。我立刻知道这是一个通风问题，所以，我们帮忙解决了问题。我的目标就是让她打电话给我，然后我们搞定问题。"

虽然广播电台是一个很好的平台，但她所提供的语境、分享的知识和专业技能才是确保她能够与新客户和合作伙伴建立关系的关键。他们被她吸引，是因为她真诚地关心客户、分享知识，并极为专业。因此，她的一半业务来自这些节目，另一半业务来自老客户的推荐就毫不令人奇怪了。

通过联盟巩固声誉

此前，我们曾谈到过联盟的力量。你可以从你的内容产生关联方那里获得同样的价值。

最好的连接者不仅推断出自己的想法，他们还会构建内容引擎，吸引那些优秀人士来分享想法。在构建自己的内容引擎和人脉资产时，他们会采用最擅长的方法：讲述他人的故事。例如：丹·沙贝尔借助他的博客采访；刘易斯·豪斯使用他的播客；迈克尔·埃尔斯伯格凭借他的书；而斯科特则与 *Inc.* 杂志合作，制作了一个名为"创始人论坛"的视频节目。

你应使用我们教过的所有工具（例如，通过建立联盟获得信誉、给予价值等），并将其融入你的内容。这样做将增强你的数字足迹，显示你能有广泛的接触渠道，并使你能够构建支持其运转的系统，从而确保你不会像大多数人那样在产出内容时虎头蛇尾——写出三篇文章之后就销声匿迹。

我们不想长篇累牍地探讨营销行话或思维，因为这些不是我们讨论的目标，我们的目标是创造新的人脉资产，以便更好地对外界来定义你，并为你的社群吸引合适的成员。

一般来说，大多数人错误地认为，内容必须要能够推销自己，提升与自己职业相关的利益。但事实上，写作（无论是在你的个人博客上还是在世界知名的出版物上）是将自己塑造成为自己最在意的领域内的专家或思想领袖的最佳方式。

第十七课

超级连接者如何"获利"

如果本书是一本传统的商业书，那么现在我们就应该告诉你如何从超级连接中获益了。换句话说，就是如何把我们教给你的一切都变成真金白银。但正如你现在可能已经意识到的，本书并不是一本教授关系网技巧的传统书。

像生活中的每件事一样，"盈利"对不同的人来说有着不同的含义。对一些人来说，它代表了经济收益；对其他人来说，它可能意味着节约了时间；而对另一些人来说，它关乎事业的成功。"盈利"还有可能是多种因素的结合，没有唯一正确的答案。我们都有不同的需求和目标，而且它们都会随着时间的推移而改变，所以你对"盈利"的定义也可能随着时间的推移而发生变化。

但说起连接，有一点必须强调：它绝非功利性的。如果你的初衷是赚钱，那么你不可能成为一个连接者。正如"奋进公司"的联合创始人兼首席执行官琳达·罗登博格所说："当人际网络建立在信任、给予和接受，以及长期价值的基础上时，它会运转良好，而当其充满功利性，人人都想着'我能从中得到什么好处'的时候，它一定会崩溃。如果人们只是将社群视为能让自己抢占先机的一项交易，而没有人愿意主动传递善意，社群将难逃分崩离析的命运。"

创业孵化器 TechStars 的戴维·科恩认为，个人关系不应该与财务投资回报挂钩，但"如果你想把它看作一个有回报的关系投资组合，我对此没有任何异议"。他说："我建立了很多关系，并为此投入大量精力，因此总的来说，我应该得到投资回报，但这种回报不应该来源于每段关系的单独互动，而应该来自整体人际网络层面的互动。"

沃顿商学院的教授亚当·格兰特指出，每个人都需要画定一条界线，区分他们在哪里应该付出，在哪里可以赚钱。而且你必须确保其他人清楚地知道其中的差别。"我在一个作家社群中看到过这种情况，例如，有些人会说，'看，我不做免费演讲，但我的确可以免费撰文'，"他说道，"或者'我不提供免费咨询服务，但有时候如果有人问起来，我可以提供一份书面反馈意见'。明确划分出你收费提供的服务和那些你不收取费用的服务，这是个值得一试的策略。"

你的部分目的是设定一个明确的界限，区分你能够免费给予的东西以及你没有能力给予，或是那些你虽然有能力，但不愿或不能给予的东西，因为随意给出后者会伤害到你自身的利益。在想清楚自己能如何获利之前，你必须先了解自己为什么想成为连接者，并使自己的目标与之相符。

你也要明智地利用自己的时间。想想看，现在人人手头都有大量的事情需要同时处理，你必须有所取舍，选择需要集中精力的地方。迈克尔·埃尔斯伯格表示："我并不认为投资时间的想法一定代表了消极或功利性的思维方式，只要你以更广阔的视野来投资你的时间，并尽力为自己、为他人、为你的价值观和你在世界上的使命带来回报。"

相信其他人的判断

虽然你会从你的人际网络中获得很多"机会"，但取决于你和谁交谈，你需要为这段关系打分。你认识对方多久？你们关系有多密切？你和他们交往的经历如何？你是否相信他们会以你的最大利益为重？

英格丽·范德瓦尔特创办并出售了两家企业，并帮助无数其他企业家创建、发展和退出他们的企业。她还成为戴尔公司有史以来首位入驻企业家。在这个角色中，她利用自己在商业"战壕"中所学到的知识帮助其他企业家，此外，她还肩负着在 2020 年前赋能 10 亿女性的使命。

范德瓦尔特差一点就与戴尔入驻企业家失之交臂。由于日程繁忙，范德瓦尔特每周都需要应对几十个邀请，她必须挑选那些值得她花时间参加的活动。因此，有一次她收到参加戴尔女性企业家网络（DWEN）活动的邀请时，因为还有其他事，她本已准备好拒绝，但一位老朋友（同样也是一位企业家）海蒂·梅瑟给她打电话说："英格丽，你真的应该来。"英格丽一直相信海蒂的判断，于是她改变主意参加了活动。她在活动上见到了戴尔公司的多位高管，包括戴尔的首席运营官史蒂夫·费利斯。她在戴尔女性企业家网络活动中建立的关系，也在一年后促使她成为戴尔的入驻企业家。

曾与我们交谈过的所有超级连接者都成为建立社群的连接者，同时在社群的帮助下，他们每个人也都建立起在日后对他们大有助益的连接。当乔恩·利维的书出版时，他请求通过晚宴活动培养的媒体关系来帮他进行媒体宣传。史蒂夫·西姆斯和约翰·鲁林的善举为他们赢得了数百万美元的客户合同。杰森·盖格纳德的社群成员极其喜欢他创造的一切，所以他们每年都花费数千美元来参加他的系列活动。戴维·科恩的人际网络使他成功创建了全球顶尖的初创企业加速器之一，为他和他的同事提供了投资于世界一流公司的机会。吉姆·皮尔斯围绕身边的人建立起自己的生意和社群。迈克尔·埃尔斯伯格出版了一本书，并使他的职业生涯迈向成功。现在你应该明白了吧。

全球顶尖的商界人士一次又一次的合作是有其内在原因的，那就是：诚信、正直、强有力的关系。从长远来看，成功人士总是希望与其他成功人士合作并帮助他们，所以很重要的一点是，要让他们在一开始就把你看作是胸有大志，并且努力实现雄心壮志的人。对你所做的事情心怀远见、激情和动力十分重要，因为这会吸引很多人乐于帮助你取得成功。你需要做的，只是要保持正确的方式并且不要污染你的关系。

毋庸置疑，我们都见过一些把别人当作垫脚石的人。对这些人来说，他人只是帮助他们向上爬的工具，而一旦他们实现了目的——嘭！他们立刻消失得无影无踪。他们是那种只有在需要你帮忙时才会打电话的人，而再没有什么事比感觉到自己被利用更糟糕的了。

显而易见的是：如果你能遵循我们在本书中提出的做法，那么只需短短几年，你就会在你周围聚集一群优秀的人。如果你完全按照我们的建议去行动，许多你渴望结交的人会主动寻求你的注意或是主动奉上帮助。因此，重要的是要全面考虑你能够运用的所有超级连接技能。

亚当·格兰特认为，在每个工作场所，人们都可以被划分为三种基本类型：给予者、索取者和交换者。最成功和最不成功的人都是给予者。这怎么可能？主要的区别是，最成功的给予者有时也会说不，而最不成功的给予者会尽力满足每个人，他们一味给予，却得不到任何回报，这显然是不明智的。格兰特说："重要的是要认真考虑你帮助的对象是谁、你应如何帮助他们以及你应在什么时候帮助他们。"

我们看到失败的给予者无时无刻都在试图帮助所有人解决所有问题，他们最终牺牲了自己的成功，因为，你知道，他们花了太多时间和精力去帮助别人，以至于无暇顾及自己的工作。他们被更自私的索取者剥削，并且最终他们做出贡献的方式也并非那么有效。相反，你所看到的成功的给予者是这个样子的，他们会说："看，我不会无差别地帮助每个人。"如果有人曾表现得很自私或背负自私的名声，那么我将更多地转向交换模式，要求他们负责日后给予回报，或是先释放善意。这样，我就可以保留我的慷慨，并用于那些公平或慷慨的人身上。

一言以蔽之：如果你试图帮每个人搞定每件事，你很有可能无法帮任何人做成任何事。

瑞恩和我对下面这条规则不敢苟同，即：依托你的社群做生意是一个好主意。这么做很难成功。我们不是说不能这样做，但我们想说，还有许多其他更简单的方式，让你的人际网络给你带来"利润"。

我们并不是为了赚钱而成为超级连接者。我们之所以成为超级连接者，是因为我们真心喜欢介绍他人彼此认识。我们为此而生，它是我们的第二天性。但是，虽然为他人做介绍让我们感到一种类似内啡肽分泌引发的巨大快感，我们成为超级连接者真正的原因还是因为我们相信，把合适的人聚在一起能够结出美好的成果。

这么做不仅从商业的角度来看能够带来效益，而且还可以改善人们的生活。《美国公共卫生杂志》2008 年 7 月的一项研究发现，强有力的社会关系实际上可以促进大脑健康。我们可能永远不会知道我们是否会因为丹·沙贝尔介绍我们相识而变得更加长寿，但我们真切地知道，如果他没这么做，我们的生命将不会如此充实。

我们这样说并不意味着我们从不考虑钱。我们并不是傻子，我们俩加起来有 6 个孩子，还有抵押贷款、养车费用以及牙科账单。我们也要谋生，并过上好日子。如果我们说我们所做的一切没有任何经济利益，那我们显然是在撒谎。你当然可以通过自己所做的一切获得经济利益，但是你不应该直接从你的连接中赚钱，而是应该借助这些连接来取得成功，并因此获利。

所以，考虑金钱并不是问题，在某种程度上考虑自己也无可厚非，但获利应该是多种因素综合努力的结果，而不仅仅是因为某一段关系。这么说并不是在鼓励自私，而是说我们在关注他人需求的同时也不能忽视我们自己。我们最终能够把关系建设转变为一个生意，但我们花了好几年的工夫，直到我们意识到我们擅长于此，才使它变成现实。

如果重读这本书，你会发现，我们采访的成功者中，没有一个人说过他们是为了赚大钱才做这些事的。他们说的是：“这是我生命的激情和目标。我喜欢这样做，而如果我能在帮助别人的同时赚到钱，那是锦上添花。”

获取利益的不同方式

那么，作为一个超级连接者，你该如何赚钱呢？假设你有一份工作，如果你被视作一个团队合作者，换言之，一个能够更有效地帮助组织的人，你将拥有更好的上升通道，因为你将被视为组织发展的重要部分。

“获取利益”有很多种形式。因此从这个角度上看，“获取利益”不一定是指经济奖励或任何物质奖励，也不是指从单一交易中赚钱。

安古拉·阿查里亚是一家位于旧金山的投资公司的合伙人，她通过在自己的人际网络中获得一个重要就业机会而受益匪浅。阿查里亚从英国来到美国，一个人都不认识，但她建立了一个人际网络，为她带来机会，能够与 Lady Gaga 和小甜甜布兰妮这样的人合作，并与当时的华纳音乐集团首席执行官埃德加·布朗夫曼达成了音乐业务的第一笔交易。

她的导师之一是富有远见的音乐人、Interscope 唱片公司的创始人吉米·艾奥文。她是通过风险投资家德鲁·利普希尔的引见认识他的，并且如她所说，"他为我敲开了许多人的大门"。

他们认识后不久，他给了她一大笔钱，用于投资她创办的名为DesiHits 的初创公司，这是一家面向南亚社群制作和发行娱乐节目的媒体公司。几个月后，她和艾奥文坐在纽约的瑞吉酒店，在那里，他明明白白地告诉她：那个初创公司不会成功，因此他会停止为其提供资金。但他强调说，他本来就是在投资于她。

艾奥文没有看错。DesiHits 并没有像阿查里亚所希望的那样成功，至少在财务上没有，但它确实帮助她成为一名企业家，并通过它扩大了自己的人际网络。从那时起，她和艾奥文投资了其他项目，其中最著名的是帮助宝莱坞女演员朴雅卡·乔普拉开启了在美国的事业。乔普拉主演了《谍网》，成为美国第一个来自南亚的网络电视剧明星。她创造了历史，阿查里亚也是。

第十八课

超级连接者如何巧提请求

我们知道这听起来超级简单：谁会不知道如何去要东西？你只需张口说出自己的请求。对吧？

大错特错。

大多数人都极其不擅长提出请求。他们没有意识到开口求人也有方法需要遵循。有些人相信机会或运气，但超级连接者善于运用技巧。毕竟，如果你四处向你认识的每一个人寻求帮助，或者在错误的时间提出错误的请求，你可能被认为太过功利。或者，你可能会面临严重错判形势的风险，也可能说错了话，让人觉得你的意图有问题或不够光明正大，所以你要确保你寻求帮助的人与你拥有相同的价值观、目标和愿景。

一些世界著名的大生意和职业生涯大事件在开始时毫无惊人之

处，完全是始于聪明的请求和内部推荐。它们是连接者所拥有的秘密武器中最有力的两大工具，是使其能够收获价值的简单而有效的方法，也是其最基本的力量源泉。然而，尽管这两个工具看似简单，但大多数人都不知道如何正确地使用它们。这是因为人们倾向于从功利的角度看待关系，其结果就是一无所获。

还记得戴维·哈塞尔吗？他是那个在自己旧金山的家里举办"私宅系列"企业家餐会的人。他最近创办了一家专注公司间员工反馈系统的公司"15Five"。他在 60 天内就从 40 个不同的投资人那里筹集到资金。没错，只用了短短两个月的时间。他是怎么做到的呢？

哈塞尔从不把他人简单地视作可以利用的提款机，他说："你的关系不一定是你赚钱的地方。在某些情况下，他们可能让你赚钱，但我从来不会从纯粹得失的视角看待关系。相反，我认为它们是一种力量或资本的来源，可以在你创造其他事物的过程中提供帮助。"

他和许多对他公司做出投资的人并不熟悉，尽管这些人在他打了一通 20 分钟的电话后就决定投资。他的声誉和人脉证明他的可靠性。他是一位知名人物，值得信赖。"信任是可以转移的，"他指出，"假设我知道有一个投资者，他的一位好友和我关系密切，换句话说，他和那位朋友关系密切，我和那位朋友关系也很密切。现在，虽然那位投资者从来没有听说过我，不知道我的名字，也从来没和我见过面，但如果我们共同的好友如此介绍我说，'我告诉你，我已经认识戴维三年了，他和我一起做过 X、Y 和 Z。他是个出色的家伙，非常靠谱'。于是，他和这位投资者之间已存在的信任会自然地转移到我身上。"这时候，只需开口提出请求就可以了。

以下是发生在我们身上的一些好事（因为我们提出了请求）：

- 我们被介绍给某位首席执行官，并最终达成了一项交易。这笔生意到目前已经带来数百万美元的收入，未来还会再产生数百万美元。
- 我们被介绍给无数的供应商，这些供应商多年来为我们提供了无与伦比的服务，从而使我们免于浪费大量时间和被糟糕的供应商体验所折磨。
- YEC（两度）登上《纽约时报》星期日商业版封面故事。我们因此成功地为我们的公司筹集到数百万美元的资金。
- 我们得以让一位名流免费参加了 YEC 的一次活动（他度过了一段非常开心的时光）。
- 对斯科特人际网中某个人适逢其时的请求（事实上，只是通过推特）带来了一段新的合作关系，并有望带来数百万美元的业务。

所有这些，都是因为我们在合适的时间，向合适的人，寻求了合适的帮助。

恕我们直言，你一定要有自知之明。你还需要一点事先准备。以下是你需要问自己的一些问题：

我开口去求的人是合适的介绍人吗？仅仅因为某人可以帮助或想要帮助你，并不意味着他们应该帮助你，也不意味着他们会被最终的请求对象积极地接受。

如果那个人完全不了解我的行业、业务或其他情况，那么他是否会真正理解我的请求？简单地说，他是否认为我把一切说清楚了？我是否忘记提供应该提供的什么背景信息了？毕竟，如果我想找一个和我在同一个城市的人，但我没说清楚，结果我可能会被介绍给一个住在其他城市的人，而这最终会给每个人带来糟糕的体验，无论是被介绍给我的对象，还是代表我做介绍的那个人。

我是否能够自己解决这个挑战，或是能找到另一种可行的方式解决问题，从而不必在一个简单的问题上浪费我宝贵的社会资本？重点是，评估，评估，评估！不要贸然开口，也不要随随便便地求人，而是应该首先分析、评判和验证，然后再提出你的请求。

糟糕的请求

我们曾经接到一个电话，对方是一个专业服务行业的企业家。他正在寻求投资。

"什么样的投资？"我们问。

"天使投资。"他回答。

我们在此处停了下来。他的企业非常好，但天使投资人显然不会对其进行投资，因为达不到他们要求的投资回报率。很明显，他要求的资本类型是错误的。

因此，我们建议将他介绍给那些不打算投资于股权，而是希望以更高利率借贷的另类贷款人。

于是，他没有寻求股权融资，而是找到了贷款，而这使他节省了大量时间，也免于毫无意义地多次碰壁。在这个过程中，他很快使他企业的现金流由负转正，并不再需要筹集资金。如果他坚持按照最初的请求去做，他很可能会白白花上几个月的时间却什么都得不到，并会变得非常沮丧，甚至可能会对自己企业的实力产生怀疑，所有这些都是因为他提出了错误的请求。

轻率、懒惰地提出请求

瑞恩经常抱怨的一点是，有人张口就问，"有人认识 X 公司的人吗？"然后，再没有其他背景信息。瑞恩会想，"嗯，是的，也许我认识，但我为什么要帮你做介绍呢？你带来了什么价值？你是打算用我为你建立的连接来达到一个真诚、互利的目的，还是仅仅想向他们推销他们并不需要的东西？"显然，上面那个问题是一个含糊不清的无效问题。

如果你是寻求帮助的一方，你必须具体说明你的需要。有些人不想透露细节，因为他们相信他们所做的一切都是保密的。我们理解你不希望让你的项目尽人皆知的想法，但如果你在请求别人的帮助，却不愿意公开你在寻找什么，那就有问题了。而且这是个有点愚蠢的做法。

你提出的请求定义了你是一个怎样的人，不仅在眼前的请求对象眼中，而且还会在可能为你提供连接的人那里。如果你要求一些听上去就很荒谬的东西，那么你基本上把自己归入了不靠谱的一类人，并会留下不好的印象。

有时候，人们在提出请求的时候并没有完全想清楚。另外一些时候，人们只是提供了很多关于自己的信息，但没有说明为什么建立某个连接会产生协同效应，或是有任何意义。还有一些时候，人们会提供很多信息，但这些信息实际上并不相干。

如果你希望有人帮助你建立一个重要的连接，那么你应该事先给他们提供更多的信息。我们前面的讨论已经强调了做事时应遵循"己所不欲，勿施于人"的原则，例如不要群发营销式的垃圾邮件，因为你自己都根本不会看。同样地，如果你根本不想帮助正在开口请求的人，或是不理解正在请求的人所提出的问题是什么，那么你为什么还要提出自己的请求呢？

例如，你可能认为 X 公司的首席执行官是最能解决你问题的人，但事实上，真正能帮到你的是一个比他低三级的人物。除非你为在那家公司里有"内线"的人提供了充分的背景信息，否则你很可能会和错误的人建立连接，并最终两手空空地离开。

旧金山 49 人队的球队运营首席战略官兼执行副总裁帕拉格·马拉对此颇有感触。他说："在我为某人做介绍之前，我必须先与他们进行多次交谈。我总是被人追着问，'你能介绍一下这个人或那个人吗？'很多时候我会说好的，但我同时也会警告说，我无法真正热情洋溢地大力推荐他，因为我还并不真正了解他。"

如何成功提出请求

确保你的请求条理清晰并且包含充实的语境：还记得我们关于"语境丰富"的谈话的讨论吗？即那些围绕特定主题、包含充实细节的谈话？很好，现在你要亲身践行这些原则，以确保你提出的请求翔实有力、语境清晰，从而可以最大限度地减少困惑和最大限度地增加成功的机会。

所以，假设你想见某家公司的某个人，而且你已经做足了功课，清楚知道你需要联系到的决策者是保罗，所以你决定请人帮忙把你引荐给他并解释你这么做的原因。不过，你并不应该直截了当地说，"你能把我介绍给某公司的保罗·史密斯吗？"而是应该说明，"我想了解 X 行业的企业决策者们在评估新的供应商时都关注些什么，以便我能更好地准备我们的营销和推介材料。我知道你每天都和这些公司打交道，不知你是否认识能做决策的中层或高层管理者，可以抽出 15 分钟的时间和我聊聊？"

简明扼要：如果你不能在 30 秒内把你想要得到什么及其原因用简明扼要的方式说清楚，那干脆什么都不要说。你应该以你想要达到的结果为导向，而不是把重点放在达到目的所需的手段上面。

艾丽卡·凯斯温是一位办公环境策划师和专业的节点连接者，她还是意大利面项目的创始人，她称这个项目为"巡回式家庭聚餐"。这是一顿现吃现做的意大利面套餐，人们聚在一起分享美味的意大利面，并讨论他们的需要。曾担任过高管招聘顾问的凯斯温说："我告诉人们，你的需求越具体，人们就越容易帮助到你。你需要做一些思考并先奠定基础。你在提出请求时越是泛泛而谈，对方就越不可能说'是'并帮助你。"

瞄准合适的人：你需要确定你想要建立连接的特定人物或特定资源。斯科特最讨厌的问题之一是"你认识 ×× 公司的首席执行官吗？"那是因为这么问背后隐含的假设是，大老板总是合适的人，虽然在大多数时候他们其实是错误的人，并且这会让作为潜在连接者的我们认为，提出请求的人只是想认识大牌。而这通常会让我们心存疑虑。

有时，所谓"你在寻求帮助时必须确切知道自己需要什么"的规则也有例外，比如你就某一个话题寻求指导，而你对此一无所知。在这种情况下，你应该谦逊地提出请求，这非常重要。举个例子："嘿，斯科特和瑞恩，我对社群建设一无所知，但我希望能对此加深了解，以便更好地支持我的业务，这对我来说会是一项很好的投资。"这种提出请求的方法显然比不懂装懂，假装自己什么都知道要好。

让对方成为你的"思想伙伴"：你可能已经知道自己在寻找什么了，但是你知道如何获得理想的结果吗？如果不知道，那么哪些你信任的人能成为你的"思想伙伴"，即在你不确定如何达成理想结果时，谁可以帮助你构建你的请求？

举个例子：你想要出版一本书，但贸然与某家出版社联系可能没有意义。这时，与其询问某个曾成功出版过作品的朋友直接把他认识的编辑介绍给你，还不如先和他谈一谈，了解最好的方法是什么，以及你的作品适合哪家出版社和合适的书籍提案，等等。如果这个朋友觉得合适，他会帮助你做介绍，或是提出建议，使你能借助这些信息找到合适的人，以助你打开局面。

迈克尔·罗德里克说："那些在请求别人帮忙时做得最好的人，一定是那些事先做了功课并真正思考了自己想要什么的人，同时也是那些想办法让对方成为自己的'思想伙伴'的人。"

设定实际与合理的期望：从一开始就确定一个高远的目标并不是

开启一段关系的好方法。如同过高的时间承诺一样，这可能是对方第一时间选择退出的另一个原因。你不应该刚开始比赛就想得到大满贯。

明确相关的时间承诺：很多人忽略了这一步，并导致你需要连接的一方最终选择退出，因为他们认为这将花费他们太多时间。通过在最初的请求中明确时间承诺，你想要连接的另一方会更愿意说"是"，因为他们知道自己说的"是"会让他们肩负什么承诺。

双赢的请求：埃利奥特·比斯诺和他的团队是如何成功让人们为他的高山休闲项目投资了4 000万美元的？"我只是提出请求。"他说道。

千真万确。只不过，他并不是站在街角挥舞着标语大声问："想投资我的项目吗？"相反，他带着这个想法找到那些能从他的请求中共同受益的人。比斯诺主动联系的每个人都拥有共同的愿景和目标，即从没有任何一个地方像埃利奥特想象的那样在犹他州宝德山的山顶上聚会更令人激动的了！因此，他通过聪明的请求把自己的社群成员动员起来。

如何确保提出合适的请求

在提出请求之前，你需要提前问自己一连串的问题：

- 我是否已经准备好向某人开口求助了？
- 成功的可能性是否很大？
- 我要求的是否是合适的人？

- 我对那个人了解多少？他们对我了解多少？
- 我以前是否曾经向这个人提出过请求？他们是否愿意帮忙？
- 如果他们愿意，将会获得什么结果？是大获成功还是聊胜于无？

此外，还有请求本身，如果你不花时间认真思考，也很容易出错。如果你不精心构思自己的请求，你会看起来既愚蠢又不专业，从而会给人留下非常糟糕的印象。这个请求是否合理以及可行？你是否能够自力更生？你是否可以随时提供所需的信息？如果别人看到你在提请求时毫不上心，他们会对你这个人有不好的看法，而你也不应该把社会资源浪费在不合适的事情上。

如何向合适的人提出恰当的请求

一旦确定自己已经找到合适的人，那么你要确保以他们理解的方式与他们沟通。你需要牢记下面这些因素：

你们能否毫无障碍地沟通？ 通常，当你向某人提出请求时，你就进入了一个未知的领域，面对你不了解的行业、地域或政治环境。如果你对他们的世界缺乏最基本的了解，那么你得到自己想要结果的可能性很低。所以你一定要想清楚，并确保其他人认为你确实已经想清楚。你会惊讶于有多少对你而言显而易见的事情对正在和你交谈的人来说并非如此。

时机： 这是"无障碍沟通"的自然延伸。你提出请求的时机在微观和宏观两个层面都至关重要。如果你想求的人有不止一个 5 岁以下的孩子，那么不要在工作日晚上的 6：30 打电话给他们。如果你想向塔吉特公司的高管提出请求，那么最好不要在黑色星期五做这件事。

媒介：在主动发起联系之前，应找出最适合你的人，同时也要找到最适合你请求内容的沟通方式。是通过电子邮件、电话、推特，还是一封信？在我们两个人的生活中，我们与许多"网红"建立了友谊。假设我们需要他们帮忙——在他们的网络中发布一条推特，帮我们推广某件东西——那么只需要发一条简短的信息或电子邮件就足够了。但如果我们想和他们合作，推出一场大型的多渠道营销活动（这显然会耗费双方大量的时间），那么，我们最好拿起电话亲自和他们谈谈，甚至见面，一起去喝杯咖啡，或者吃一顿牛排大餐，这取决于你请求的事情到底有多大。

知道你真正需要什么和为什么需要：好的请求者一定知道他们想要的是什么，以及他们为什么想要或需要它。更重要的是，他们已经做好充分准备，在需要时可以随时提供详细的信息来支持他们的请求。

"超级礼宾员"史蒂夫·西姆斯完全认同这个策略。他说："如果我向你要求什么东西，我会确保那也会让你受益。我经常对别人说，'我希望能做成这件事'，我的信息是透明的。容易理解和绝不会误解之间还是有区别的，我不希望你对我想要的东西存在任何误解。在洛杉矶，人们都不会直来直去，但我很忙，不能白白浪费时间，所以请直接告诉我：你有什么？你想做什么？"

用你自己的语言表达请求或信息：因为你是提出请求的一方，所以你必须尽量减轻其他参与者的负担。你应该提议由你来写一封三五句话的简短电子邮件，概述你的请求，并供对方轻松地转发。这么做，你既可以帮助连接者省去一些麻烦，也能够让你自己的观点传递到你想要连接的最终目标面前。这也是一个很好的方法，确保你想说的话不会在传递的过程中走样。这么做还能展示你的最佳一面，因为它所展示的是你的原话，而且，考虑到连接者与你请求的最终对象的关系，对方有很高的概率会认真看它。

跟进，但不要过分施压

正如我们在本书前面所说，你需要聪明地跟进，而不能过分催促，或是让对方觉得自己是在为你工作。罗德里克，那位转行成为百老汇制片人的老师，就有过一次深刻的教训。当时他正在制作一个节目，而他感觉自己的一位老友是参与节目制作的最佳人选，于是罗德里克给他发了一封电子邮件，列出了自己需要的一切帮助。但是，他没有收到任何回复，所以他又发了一封邮件，然后又发了一封。

最后，他收到了一封回信，这个朋友说他已经"丢了工作，并且妻子得了癌症，经历了所有这些可怕的变故"。罗德里克说："这给了我一个很有价值的深刻教训，那就是，如果你的人际网络中突然有人变得沉默，那么你在确切知道他们现在过得到底如何、生活得好不好、是不是遇到任何变故之前，永远、永远、永远不要向他们开口提出任何请求，因为这可能会造成极其严重的伤害。"

换言之：如果你没有收到别人的回复，不管诱惑有多大，也不要去纠缠他们。如果我们发出的电子邮件如同泥牛入海，我们都会不太高兴，但有时候这并不关我们的事。

现在，你已经知道应该在何时以及如何提出请求，下面我们再来做一些探讨，以确保你能采取正确的行动。

获取成功的"逆向工程法"

你要做的是尽可能多地承担烦琐的工作，并消除任何可能妨碍成功的小问题。你应该尽可能让自己的请求简单方便，易于连接者以及你寻求连接的目标对象接收和消化，从而最终促成会面，进一步讨论和满足你的请求。

为了借助"逆向工程法"提出成功的请求，你需要先全面排查某一个请求，并问自己一个简单的问题："为什么我的请求可能失败？"这将帮助你澄清或改进自己的请求，阻止你贸然提出不成熟或糟糕的请求，并赋予你继续努力的信心。

下面来看看英格丽·范德瓦尔特的例子，她使用"逆向工程法"，成功说服戴尔公司启动入驻企业家项目。当她第一次去面见史蒂夫·费利斯推销自己的想法时，她向他分享了自己"在 2020 年前赋能 10 亿女性"的愿景。她知道实现这一愿景的唯一途径是通过技术，所以她正在寻找一个全球技术合作伙伴，这个伙伴要像她一样致力于全球各地妇女的成功。

范德瓦尔特说："我的目的是说服戴尔成为一个合作伙伴，不过我会面时也提出，'史蒂夫，我想谈谈我能为你们提供什么服务。'我知道戴尔公司关注女性和企业家，并且那时候被称为一家企业公司，但他们想改变这种看法。我知道，通过合作，我可以创造出实现真正连接的项目，这些项目将由像我一样的企业家或是女性主导，并服务于企业家和女性。"

她告诉费利斯："我确信可以帮助戴尔进入全球女性企业家的社群，帮助你们真正与她们建立连接，并最终推动业务发展。"

范德瓦尔特向费利斯大力推销入驻企业家项目，通过这个项目她将能够帮助戴尔提升价值。费利斯看到了这一潜力，也认同她的愿景，即不仅帮助全球女性，而且还要帮助全球的企业家群体。

于是，戴尔决定邀请她加盟。费利斯在詹妮弗·戴维斯等戴尔高层的帮助下，针对哪些安排适用于戴尔提供了指导和建议，范德瓦尔特则完成了"入驻企业家项目"的详尽设计。范德瓦尔特与戴尔的协议是："你来帮助我实现我作为企业家（以及妇女）想要达成的目标，如果我们获得成功，那么我个人的目标也就自动实现了。"

范德瓦尔特表示，她在戴尔的经历充分验证了她在生活和商业中研究伟大想法时学到的很多东西。她说："世界上那些做大事的人是真正的连接者，从根本上讲，他们会站出来说，'我可以这样帮助你，你可以这样帮助我，这是时间表和可交付的成果。'他们在互动的过程中将可提供的服务和投资回报有机结合，从而获得他们想要的结果，而这个结果一定是双赢的。"

范德瓦尔特认为成功赢得戴尔的支持，是不断推进"在 2020 年前赋能 10 亿女性"项目的关键。而依托该项目，她创办了一家公司，这是她为这一项目倾力服务的结果。她通过"逆向工程法"取得了自己所期待的成功。

第十九课

如何获得众口一词的推荐

作为一位超级连接者，随着时间的推移，你的社群成员自然会相互推荐。你要做的是帮助成员进行有效的推荐，并为你的社交网络建立大家常说的"自然时刻"。

投资你自己的推荐网络

你投入的时间越多，越关注你社群中的"中坚人物"和你信任的人，越信赖推荐人，你获得的推荐质量就越高。如果你像吉姆·皮尔斯一样是一位本地会计师，那么你努力与之建立关系的人，应该是你心目中最好的本地服务提供商，例如律师、医生和景观设计师，因为这些人与你拥有同样的受众或客户群体。通过始终如一地与最优秀的人合作，以及对这些关系进行重点投资而不是满足于点头之交，你将开始建立起自己的推荐网络。我们发现，如果人们在很长时间内相互投资，从长期来看，他们将创造出共同价值。最好的推荐往往来自最了解你的人，而你和某人在一起的时间越久，共同经历越多，你们在生活和生意中就会越亲近。

给对方主动打个电话，和他们交谈并提供帮助，你可以通过这种方式打开谈话的大门，摸清对方的触发事件是什么。德里克·科伯恩就是这么做的，这样他就可以向他的社交网络介绍"触发事件"这个概念。他首先帮助对方明确他们的"触发短语"是什么，以便能更好地帮助他们。这么做还可以自然地使他说出对方的触发短语，并告诉对方他自己的触发短语。通过让对方清楚知道他能够怎样更好地为他们做推荐，他还确保一旦机会出现，他们也会反过来推荐他。

科伯恩还会为真正优质的客户和他社交网络中的核心人物安排15 分钟的面谈，并问他们一系列问题，其中一个重要的问题是：你目前面临的最大挑战或机遇是什么？

他指出："我们很多人的社交网络都包括我们服务的客户或其他人。"不过，我们往往对他们的了解不够。"我们只知道他们拥有 IT 公司，这就是我们所知道的一切，"他说道，"我们不知道他们主要为谁提供服务，也不知道从收入角度衡量公司的规模如何，或是他们主要寻找什么类型的员工。如果我的人际网络中某个核心人物经营着一家提供技术服务的 IT 公司，我把他推荐给了一家只有 25 名员工的公司，而实际上他公司理想的客户至少要拥有 100 名雇员，那么我的做法并没有什么附加价值，我只是在浪费他们的时间。我的行为不仅没有增值，而且给他们添了麻烦。"

触发短语和触发事件

对科伯恩来说，这是一个绝佳的机会，让他们了解如何获得更好的推荐（这有助于他们的生意），同时与他们分享自己的关键词。因为他是第一个提醒他们注意这些触发短语的人，在相关情况下他很可能是他们第一个想到的人。

"触发事件"的概念源于术语"触发短语"，营销专家约翰·詹茨在他的著作《让顾客主动推荐你》中讨论了这个术语。什么是触发事件或触发短语？它们从本质上是一个短语，揭示出某人在某个时刻可能需要你的服务。科伯恩说："向某人描述触发事件或触发短语最简单的方法是给他们一些我自己业务的例子。这样做有助于向他们介绍这个概念，我认为这将真正帮到他们，让他们在面对他们的主要影响者和客户时受益。我会告诉他们，'如果你们向我推荐某个人，下面是你们需要注意的地方'。"

"对我来说，一个触发短语的例子是'我一直努力理财，但是没时间做好'，"科伯恩说，"大多数人都不会说，'我需要一位优秀的财务顾问'或'我需要你给我介绍一位财务顾问'，他们可能会说，'我正考虑在一年内卖掉我的公司'。"因此，这是他提醒自己社交网络中应该关注的短语之一。他不断对他的社交网络强化这些短语，以便他们在需要时会立刻想到他。

科伯恩说，触发短语可能反映了一个触发事件，也许是生活中发生的事情。例如，有人正准备出售一家公司，而他们告诉你这件事之后大约半年才可能会需要你的服务。他说："你应该为自己的业务寻找出有效的触发短语，然后帮助你的客户找出他们业务中需要注意倾听的触发短语是什么。通过告诉客户你想要寻找的是什么短语，你能够教会客户也做到这一点。这么做还使客户学会倾听你所寻找的触发短语。尽管与客户面谈的目的是为了了解客户，但你也可以借这个机会告诉客户和朋友，他们可以怎么帮助你。"

营造和谐顺畅的环境

科伯恩定期举办客户品酒活动。他的活动以及他的生意全都建立在推荐的基础之上，就像乔恩·利维的晚餐一样。杰森·盖格纳德也是如此，他收到了数千份申请，希望参加他的 MastermindTalks（大师一席谈）活动。客人们可以带其他人来参加活动。事实上，他鼓励人们这样做，并不是出于不可告人的目的，而是单纯希望认识更多新朋友。

这一切都经过他的深思熟虑。通过被视为活动的促进者，并带来合适的客人，卓有成效的对话将自然地接踵而至。你知道怎么回事：如果你被邀请参加一个高质量的活动，你自然会问引荐你参加活动的人一些问题，包括："这个活动是关于什么的？主办者是谁？你是怎么认识他的？他们是做什么的？"这一类问题很有可能会激发积极的回应、赞扬和语境丰富的交谈，从而使你的客人在不经意间就帮助你做了推荐。这里没有什么魔法，他们只是正常交谈而已，但恰当的框架使一切得以自然而然地发生。

　　这一切都是因为科伯恩恰当地为活动建立了框架：营造合适的环境；邀请合适的人群；通过清楚明了的要求完善客人名单；被广泛认可为活动的促进者，从而确立信誉和权威；让客人们自然地谈到他，进一步建立信誉并取得结果，最终创造热烈交谈和做推荐的时机。他说："如果我把时间和金钱投入到深化现有的关系中，特别是如果它们是我的一个经常性的业务收入来源，那么我的时间和金钱投入绝对没有浪费，即使我没有因此获得任何新客户或新的关系。"专注于你最好的关系从来都没有错，你越多地为他们的生活增加价值，并就你的触发短语和触发事件给予他们指导，你就越有可能让他们更愿意对你投桃报李。

　　最后，你要确保人们能够方便地在网上与你取得联系。如果你已经建立了强大的脸书论坛、领英群组或其他数字社群，那么确保人们能够很容易地找到你，无论是通过电子邮件、脸书信使（Facebook Messenger）还是其他方式，都要确保很容易联系到你。不要因为你的数字社群不知道如何联系到现实世界中的你而错失被推荐的机会。

　　当然，我们知道：社交媒体很容易变成一种干扰，对大多数人来说，它会降低生产力。超级连接者像如今所有上网的个人一样，需要遵循良好的规则，以确保不会因为花太多时间与他人在线连接而没有时间努力工作或打造生活——这里指的是现实生活。

　　我们两人每天都有特定的时间来检查和回复社交媒体上的消息。例如，瑞恩会每天早上花大约 15 分钟的时间浏览各种信息并回复它们，并在上下班的路上寻找新的机会。剩下的时间里，你很少会看到他活跃在脸书、领英、推特或其他网站上。这是他的规则。你要制定怎样的规则以便社交媒体不会主宰你的生活，完全取决于你自己。

如何训练你的社群以正确的方式推荐合适的机会

像我们因为本书而采访的所有人一样，德里克·科伯恩确实非常聪明。他想出了一个办法，让他社群的中坚人物定期以一种自然、纯粹、销售二手车式的热情来推销他，并实实在在地帮了他一个大忙。

除了是一名作家，科伯恩还拥有一家财富管理公司，并在华盛顿创办了一个专门为首席执行官和商业领袖提供服务的"去关系网化"社群。如前所述，他还定期举办高端客户品酒活动。科伯恩强调说，这些事件不是变相的营销活动，他之所以举办这些活动，是真心实意地向客户致谢，不过在每次活动中，他都会就某个相关的财务主题做一个长达 15 分钟的演讲。

他为什么要这么做？这样做的目的既是为了让人们能够把这次奢华活动主办人的名字和面孔对上号，也是为了能够向客户提供额外的建议，并展示他的专业知识。他的努力为他带来了丰厚回报。

在他举办这些活动的第一年，每次活动后都有近一半非客户主动与他联系。他为此获得了将近 15 万美元的收入，其中很大一部分来自他在自己举办的某次品酒活动中遇到的人。如果不是因为活动，这些人他很有可能根本就不会遇到。

就连接的重要性达成共识十分必要

超级连接者将推荐融入他们所做的事情以及他们提供的非凡体验当中。但是我们前面提到的"中坚人物效应"也功不可没。你可以坐在这里没完没了地吹嘘自己的美德，但根本没人会认真听，但如果这些好话出自别人之口，人们就听得进去了。

帕拉格·马拉特着重谈到了雇用连接者的重要性。通过雇用和培训连接者，你可以显著增加更聪明的请求和推荐的数量，并让你从整体上获益。他说："相较于在求职者的简历中寻找亮点，更重要的是寻找有出众特质的个人，因为这样做会创造良好的文化，并且产生 1+1>2 的效果。"

超级连接者总是能提出简单和一致的请求，所以它们很容易被记住和履行，并且这些请求方便口口相传。在我们的例子里，我们的请求一直是"如果你认识杰出的年轻企业家，并且认为我们应该结识他并和他聊聊 YEC，请一定告诉我们"。

在 YEC，我们一直不断地向身边的人宣扬我们的信念。无论你是一位企业家还是公司经理人队伍的一员，如果你能够与所有人分享你的信念而不仅仅是说些客套话，那么你会吸引他人。

让我们回想送礼大师约翰·鲁林的例子。他给别人送礼物时如此天赋超群——条理分明并且面面俱到——因而他能够通过给人留下难以磨灭的深刻印象而吸引到推荐人（他还通过把赚到的钱回馈给联系人来激励自己的系统，进一步为引擎注入动力）。

再来看吉姆·皮尔斯，他从没有从"拉关系"的角度来看待商会活动的价值。就他而言，那些活动上全都是一心一意想推销东西的人，这让他很反感。"大多数人参与所谓社交网络活动只是为了推销，"他指出，"他们没有花时间与任何人发展关系，只是在那里交换名片和约见面。"

他是怎么做的呢？他并没有掉头走开，而是彻底改变了自己参加活动的目的。既然知道人们参加商会的活动就是为了推销和赚钱，他决定看看谁最擅长这些。然后他请这些人帮他做推荐并把顾客介绍给他。这既有助于他的生意，帮助他建立了新的关系，也通过将自己的规则应用于眼前的人脉资产，而把浪费时间的活动变成了增值活动。

事实上，世界上最美好的感觉之一，就是有人因为对你足够认可而在某件事情上推荐你。这就像是有人想介绍你和他们的某个朋友相识一样：如果他们认为你不够好，他们根本不会推荐你，对吧？有别人替你或是你的服务做广告，而你不必做任何事，这是一种多么美好的感觉。最好的超级连接者知道如何仅在推荐的基础上建立他们的人际网络，就像我们运营 YEC 时所做的那样。如果人们愿意说你的好话，这无疑是最极致的赞美。

后记

超级连接

多年来，我们两人都很幸运地找到了真正令人惊叹的导师，他们给我们提供了极好的建议。我们经常会回顾我们获得的一些建议：

"做一家能赚取真金白银的企业。"

"不要相信你自己的公关部。"

"雇用比你聪明的人，但要确保他们拥有和你相同的伦理道德观。"

"你不能通过自动化技术展现自己的人性。"

"建立声誉需要很多年，但毁掉声誉只需要几秒钟。"

这些建议全都发人深省，但在近 13 年后，有一个建议尤其引起了我们的共鸣，那是斯科特的一位导师霍莉·佩佩的智慧之言："真的成功，需要真花时间。"当斯科特问为什么时，她迅速答道："因为你没办法欺骗时间。"

当时，斯科特并没有完全领悟到这句看似简单的话有多么睿智。事实上，他甚至根本没听进去，而是开始与霍莉展开一场典型的斯科特式辩论，并提出了一连串问题，诸如"那么我该如何加快进展？我该如何跳过 B 点更快地到达 C 点？"

斯科特说："霍莉经常和业界巨擘交往——她肯定知道他们是怎么做得又好又快的。她显然清楚他们如何只花一半时间就取得成就，但她教导我的原则更加睿智，我很快意识到，她的意思是那些试图欺骗或在成功之路上试图走捷径的人实际上是在愚弄自己，并浪费自己的时间。他们不是'更聪明'或'更有效率'，而是一些傻瓜。他们兜售的是一派谎言。"

最聪明的行业领袖总是能够迅速意识到，要想成功就必须真花时间，而不能偷奸耍滑。所以他们每分每秒都在最大限度地建立关系，以最终获得他们期望的生活和事业。

真正的秘诀是什么？那就是，成功没有秘诀。大多数人并不相信这一点，而正是因为如此，那些坚信这一点的人才能够登上成功之巅。

我们身边充斥着虚假信息、快速致富计划以及 10 亿美元级的独角兽公司。因为我们被兴奋冲昏了头脑，我们忘记了圣诞老人并不存在，奥兹国并没有男巫师①，也没有"一夜成功"的好事。在此之后，霍莉这句简单的话指导了斯科特所建立的每一段关系，以及他作为一名企业家和连接者所走的每一步。每当他发现自己想要越界

---

① 出自莱曼·弗兰克·鲍姆的儿童读物《绿野仙踪》。——译者注

或试图更快地前进时，他就会默念霍莉的话，暂停他正在做的事情，深吸一口气并问自己，这到底是雄心勃勃还是鲁莽。而且，他不仅在商业上，在个人关系方面也会这样做。

如果我们希望你从本书中带走一个收获，那就是：没有一个神奇的公式或可钻的空子可以确保你在任何事情上取得成功。你欺骗不了时间。如果这样做，你就是在欺骗自己。走捷径就是浪费时间，比如像我们在本书中一直极力反对的那样拉关系。每当你试图这样做，或者更准确地说，每当有人告诉你时间是可以战胜的，请深吸一口气并后退一大步。

我们还想再强调其他一些内容。正如我们所指出的，"关系网"之所以会逐渐死去，一定程度上是因为社交媒体和即时满足技术的到来，以及 21 世纪人们对技术的沉迷。你们都知道我们在说什么：当你发布了自己近期大峡谷之旅的照片后，你是不是完全忍不住经常回去数"点赞"数；或者，你在自己的推特上直播最新一集《单身汉》（The Bachelor），结果发现自己根本没花时间认真看节目，而是专注于阅读和回复推特消息。

就像所有事情一样，这些行为只要适度就完全没有问题，但如果它们已经开始优先于现实生活中发生的事情，那么你就应该及时进行干预了。

我们想提醒你，在努力成为超级连接者的过程中，你应保持同样的谨慎态度，因为建立连接也会上瘾。一旦你开始发展这些超级权力（我们姑且称之为超级权力），你将开始透过全新视角来看待世界。你会看到，以前隐藏起来的机会在你最意外的地方突然冒出来。

那时你会像一个新入坑的《精灵宝可梦 GO》玩家一样，渴望把它们全都抓住。

正如亚当·格兰特所说，最成功和最不成功的人都是给予者，区分两者的决定性因素是界限，或者说是知道什么时候说不。作为一个超级连接者，能够设定清晰的界限不仅会推动你的职业生涯更加成功，还会对你的个人生活大有帮助。

为了撰写本书，我们采访了许多超级连接者。每个人都强调了不受打扰的个人时间对他们是多么重要。无论是与家人和其他生命中重要的人在一起，沉浸在独立电影的世界里，还是在野外露营，这些脱离超级连接者生活方式的时刻让他们感到踏实，也是他们生命中真正重要的时刻。

瑞恩说："我已经看到自己超级连接者的角色不知不觉地侵入我的生活，并影响我和生命中最珍惜的人相处时的样子，包括我的妻子、孩子、父母以及朋友。有时候，查看手机就像呼吸一样自然，无论是家庭聚餐中，还是和孩子一起看动画片或是和我最好的朋友一起在酒吧畅饮的时候，我指尖所触的屏幕上不断涌现的机会完全让我不能自拔。"他甚至记得在某次度假时，他会偷偷溜到浴室查看电子邮件，然后很快意识到，这并不会让他变得幸福。

那么瑞恩是怎么改变这种情况的呢？他下班回家后，会把手机放到不能触手可及的地方，这是一个任何人都可以采用的简单办法，但往往没人这样做。他开始告诉自己，"这件事可以等明天再处理"——这是在如今这个快节奏的世界里，我们许多人选择忘记的另一句话，即使确实可以等！

　　他甚至开始主动拥抱更简约的生活方式，以便抵消身为超级连接者给自己生活增添的过度丰富多彩的内容。他精简了家中的物品，减少了有计划的活动。他现在正在购买一辆旅行车，以便能够和家人共度更多不受打扰的时光。

　　我们想表达的寓意是：成为一个超级连接者是一种精彩的生活方式，它将把你与你从未想象过的人和机会连接起来。但是，它永远不会比你面前已有的关系更有价值或更有影响力，它永远不能取代那些因为你本身（不管你是不是超级连接者）而真心爱你的人。

　　我们相信，最好的超级连接者，即那些真正成功的人，会首先投资并拥抱他们生命中已经存在的重要关系：家庭、朋友、同事、邻居。与你从本书中学到的任何东西相比，这些关系的健康才是衡量你成功与否重要的指标，因为只有通过这些关系，你才能真正享受到成为一个伟大的连接者，即超级连接者所带来的好处。

注释

除非另有说明，本书中的所有采访均由斯科特或瑞恩完成。

第二课

艾米·卡迪是哈佛商学院的社会心理学家，同时也是《存在感》一书的作者。她发现，我们对彼此的最大影响来自一个人感知到的温暖和能力。

A. J. C. Cuddy, S. T. Fiske, and P. Glick, "Warmth and Competence as Universal Dimensions of Social Perception: The Stereotype Content Model and the BIAS Map," *Advances in Experimental Social Psychology* 40 (2008): 61–149.

第三课

"情绪智力"或"情商"的概念是由研究人员彼得·萨罗威和约翰·玛伊尔提出的，他们将其描述为"作为人类社会智力的一个组成部分，指个体监控自己和他人的情绪和情感，并识别、利用这些信息指导自己的思想和行为的能力"。

Peter Salovey, Marc A. Brackett, and John D. Mayer, eds., *Emotional*

Intelligence: Key Readings on the Mayer and Salovey Model (Naples, FL: National Professional Resources/Dude, 2004).

第五课

基思·法拉奇会见希拉里·克林顿的故事来自 "How I Avoided the Receiving Line and Met Hillary Clinton", LinkedIn, 2015 年 5 月 1 日，链接：https://www.linkedin.com/pulse/how-i-avoided-receiving-line-met-hillary-clinton-keith-ferrazzi。

第六课

亚当·里夫金极度推崇 "五分钟恩惠"。

"Panda Notes on Happiness and Meaning," LinkedIn, 2017 年 1 月 11 日，链接：https://www.linkedin.com/pulse/panda-notes -happiness-meaning-adam-rifkin。

第十三课

每天都有 10 亿个名字在谷歌上被人们搜索。75% 的人力资源部门被要求在聘用之前先在网络上对候选人进行搜索研究。根据他们在网上发现的信息，他们中有 70% 的人拒绝了候选人，而 85% 的人认为积极的信息影响了他们的聘用决定。

"Why It Matters: Bad Results Hurt, and Good Results Help," https://brandyourself.com/info/about/whyCare.

帕特里克·安布隆指出，现在，我们所做的一切都会永久记录在网上，这意味着我们需要更多工具来确保它不会对我们造成伤害。

"Online Reputation Management: The Ultimate Guide," https:// brandyourself.com/online-reputation-management.

第十六课

加里·维纳查克是一位畅销书作家、天使投资人和维纳传媒的首席执行官，他认为人们一定要确定哪种类型的内容最适合他们的技能。如果你的口才比文采好，那么你应该考虑做一个播客。

"Content Is King, but Context Is God," https://www.gary vaynerchuk.com/content-is-king-but-context-is-god/.

第十七课

《美国公共卫生杂志》2008 年 7 月的一项研究发现，强有力的社会关系可以促进大脑健康。

Karen A. Ertel, M. Maria Glymour, and Lisa F. Berkman, "Effects of Social Integration on Preserving Memory Function in a Nationally Representative US Elderly Population," *American Journal of Public Health* 98, no. 7 (2008): 1215–1220.

感谢

我们要感谢我们的妻子塔娜和凯特琳；感谢我们的孩子戴利亚、艾登、伊斯顿、兰道、乔乔和费希尔；感谢我们出色的编辑艾比·埃琳和丹·安布罗西奥；感谢"社群公司"的团队所给予的所有爱和支持。还要特别向我们的助手斯蒂芬妮·吉隆和凯丽·赫雷拉致以深深的谢意，感谢你们帮我们安排生活中的各种事务，免去了我们的麻烦。没有你们的大力支持，我们不可能完成本书。

我们还想特别感谢下列一流专家和超级连接者不吝与我们分享他们的专业知识，他们是：安吉拉·阿查里亚、帕特里克·安布隆、瑞恩·贝西亚、艾比·宾德、埃利奥特·比斯诺、达拉·布鲁斯坦、苏珊·凯恩、德里克·科伯恩、戴维·科恩、埃丽卡·德旺、杰森·多尔西、迈克尔·埃尔斯伯格、艾莉森·埃斯波西托、杰里米·菲昂谢、达瑞斯·福鲁斯、杰森·盖格纳德、迦勒·加德纳、亚当·格兰特、戴维·哈塞尔、刘易斯·豪斯、米奇·坎纳、艾丽卡·凯斯温、皮特·基斯特勒、杰拉德·克莱恩内特、乔恩·利维、帕拉格·马拉特、瑞恩·麦兹纳、吉姆·皮尔斯、亚当·里夫金、迈克尔·罗德里克、琳达·罗登博格、约翰·鲁林、丹·沙贝尔、史蒂夫·西姆斯、沙恩·斯诺、戴维·斯宾克斯、罗伯·图米、劳雷尔·托比、英格丽·范德瓦尔特、瓦妮莎·范·爱德华兹和马赫什·维斯瓦纳坦。